Male für jede Seite, die du bearbeitet hast, einen Stern aus!

Viel Freude!

4	15	26	37	48
5	16	27	38	49
6	17	28	39	50
7	18	29	40	51
8	19	30	41	52
9	20	31	42	53
10	21	32	43	54
11	22	33	44	55
12	23	34	45	56
13	24	35	46	57
14	25	36	47	58

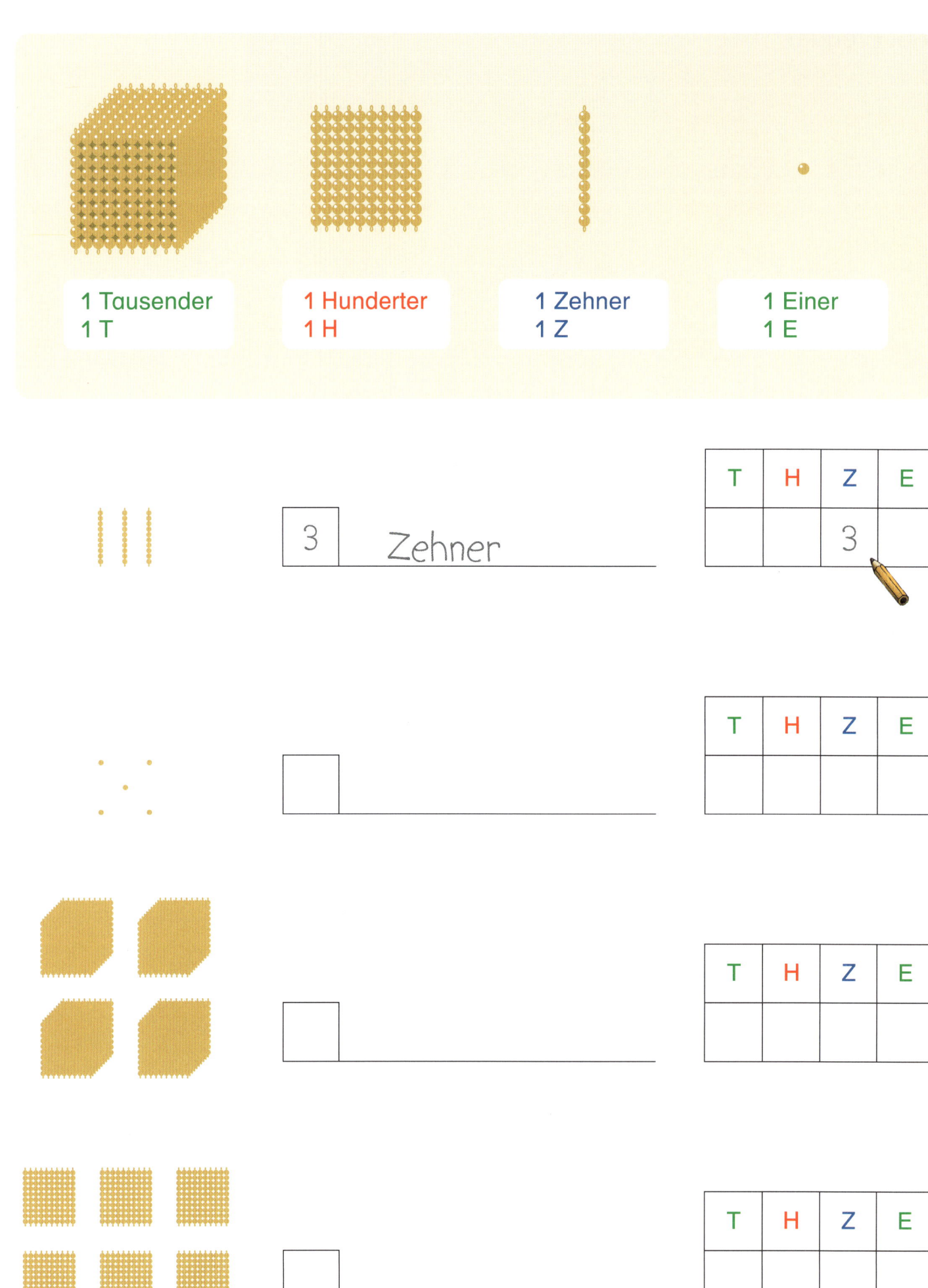

	1 Tausender		1 Hunderter		1 Zehner		1 Einer
	1 T		1 H		1 Z		1 E

T	H	Z	E
			3

3 Zehner

T	H	Z	E

T	H	Z	E

T	H	Z	E

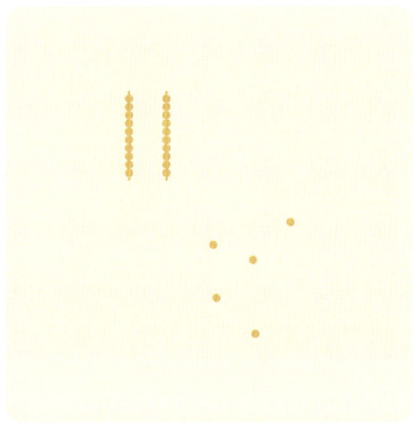

T	H	Z	E
		2	5

Zahl

25

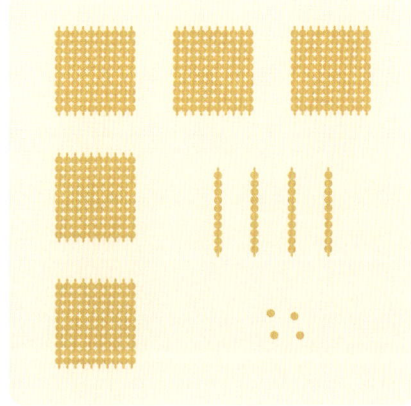

T	H	Z	E

Zahl

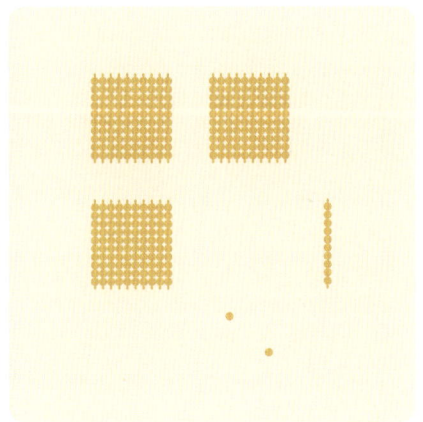

T	H	Z	E

Zahl

T	H	Z	E

Zahl

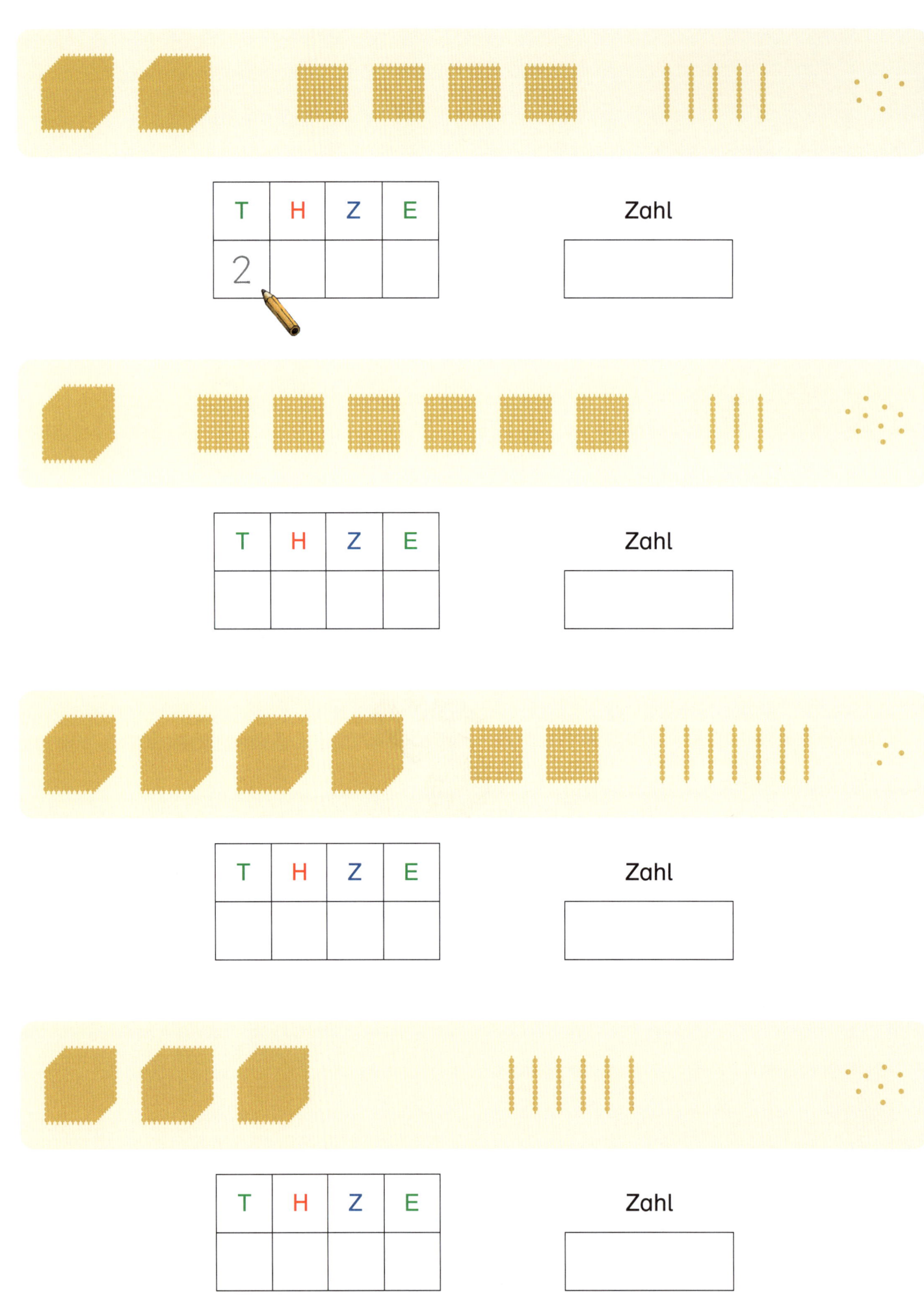

T	H	Z	E
2			

Zahl

T	H	Z	E

Zahl

T	H	Z	E

Zahl

T	H	Z	E

Zahl

T	H	Z	E
	3	7	9

dreihundertneunundsiebzig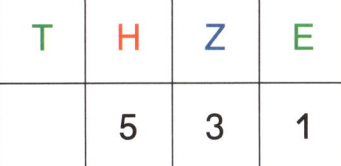

T	H	Z	E
	5	3	1

T	H	Z	E
	6	8	2

T	H	Z	E
	4	2	6

T	H	Z	E
	5	1	9

T	H	Z	E
	7	8	6

T	H	Z	E
5	0	0	0

T	H	Z	E
8	3	1	1

T	H	Z	E
	4	3	8

400 + 30 + 8

Zahl

438

T	H	Z	E
	6	2	9

Zahl

T	H	Z	E
	1	4	5

Zahl

T	H	Z	E
	3	7	6

Zahl

T	H	Z	E
	5	8	8

Zahl

T	H	Z	E
	8	9	7

Zahl

T	H	Z	E
	1	5	1

Zahl

T	H	Z	E
	4	0	6

Zahl

fünfhundertneunundzwanzig	529	dreihundertelf
sechshundertvierundsiebzig		zweihundertneunundachtzig
siebenhundertsiebenundsiebzig		achthundertdrei
neunhundertdreizehn		zweihundertvierundvierzig
achthunderteinunddreißig		einhundertvierundzwanzig

dreihundertdreiunddreißig
_____

_____

_____

_____

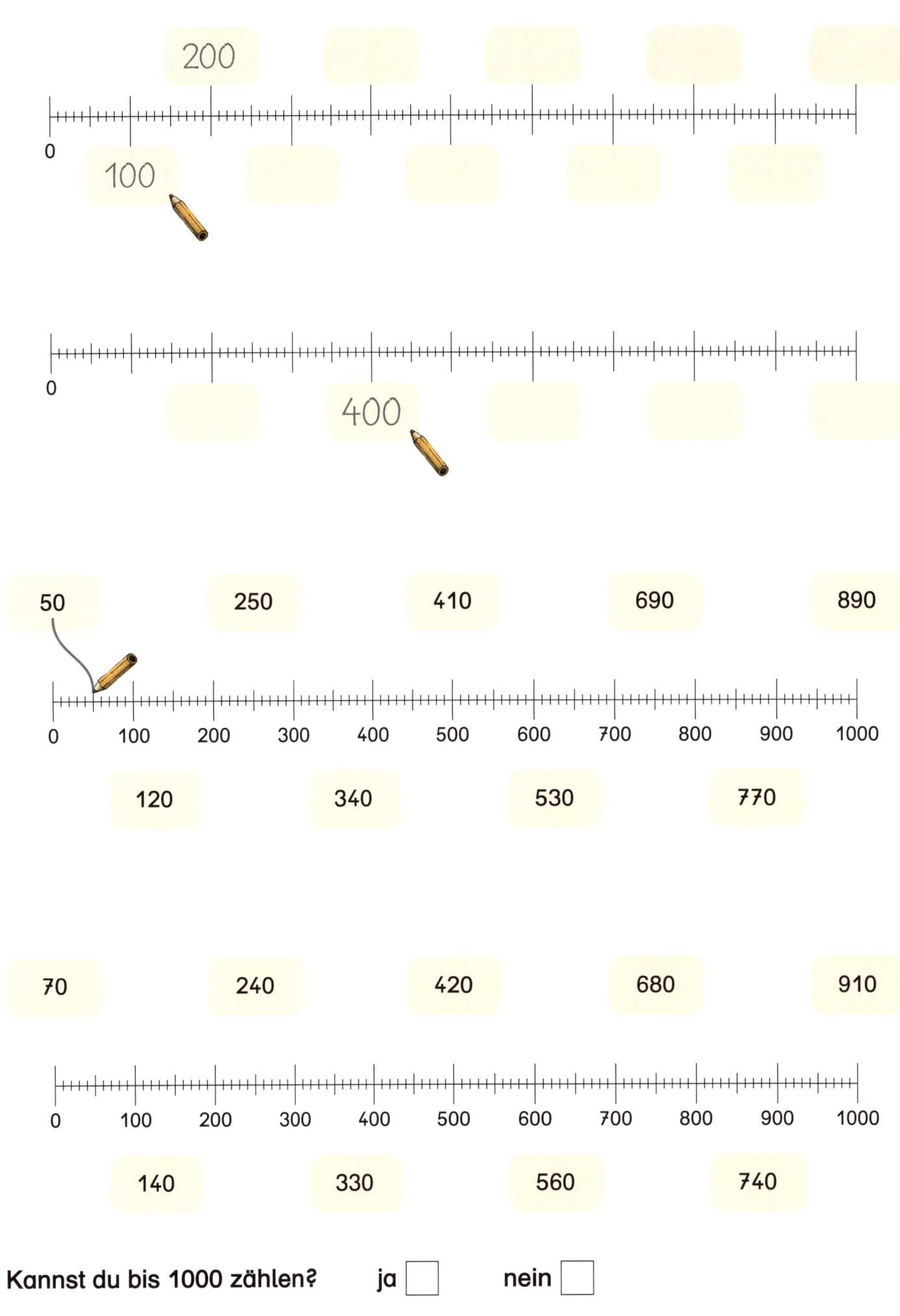

200

100

0

0

400

50   250   410   690   890

0   100   200   300   400   500   600   700   800   900   1000

120   340   530   770

70   240   420   680   910

0   100   200   300   400   500   600   700   800   900   1000

140   330   560   740

Kannst du bis 1000 zählen?   ja ☐   nein ☐

Ordne nach der Größe!

230
780
140
980
610
320

140 , _____ ,
_____ , _____ ,
_____ , _____

910
670   760
110   820
280

_____ , _____ ,
_____ , _____ ,
_____ , _____

Zähle in Zehnerschritten!

640 , 650 , _____ , _____ , _____ , _____ , 700

190 , _____ , _____ , _____ , _____ , _____ , 250

860 , _____ , _____ , _____ , _____ , _____ , 920

Welches Zeichen? > oder < ?

630 < 680   380 ☐ 830   220 ☐ 280   780 ☐ 910

710 ☐ 170   310 ☐ 910   790 ☐ 970   650 ☐ 730

Zähle die Jungen in deiner Klasse!   Es sind ☐ Jungen.

Wie heißen die Nachbarzahlen?

327	328	329

	643	

	224	

	136	

	743	

	875	

	212	

	488	

	933	

	740	

	360	

	700	

	610	

	500	

	220	

Wie heißen die Vorgänger und Nachfolger?

V	Zahl	N
439	440	441
	350	
	280	

V	Zahl	N
	888	
	777	
	666	

V	Zahl	N
	205	
	215	
	285	

V	Zahl	N
	699	
	960	
	669	

V	Zahl	N
311		
	210	
		212

V	Zahl	N
		710
	810	
910		

V	Zahl	N
	110	
		211
309		

V	Zahl	N
1		
10		
100		

V	Zahl	N
		990
	980	
970		

Wie heißen die Nachbarzehner (NZ)?

NZ	Zahl	NZ
560	563	570
	244	
	371	
	682	

NZ	Zahl	NZ
	115	
	610	
	989	
	411	

NZ	Zahl	NZ
	208	
	501	
	710	
	600	

NZ	Zahl	NZ
	737	
	246	
	931	
	18	

NZ	Zahl	NZ
	599	
	701	
	316	
	208	

NZ	Zahl	NZ
	523	
	717	
	201	
	911	

Wie heißen die Nachbarhunderter (NH)?

NH	Zahl	NH
500	546	600
	670	
	380	
	211	

NH	Zahl	NH
	999	
	777	
	363	
	103	

NH	Zahl	NH
	810	
	622	
	400	
	203	

NH	Zahl	NH
	498	
	245	
	602	
	801	

NH	Zahl	NH
	660	
	770	
	510	
	980	

NH	Zahl	NH
	877	
	304	
	222	
	101	

Neben wem sitzt du gerade? _____

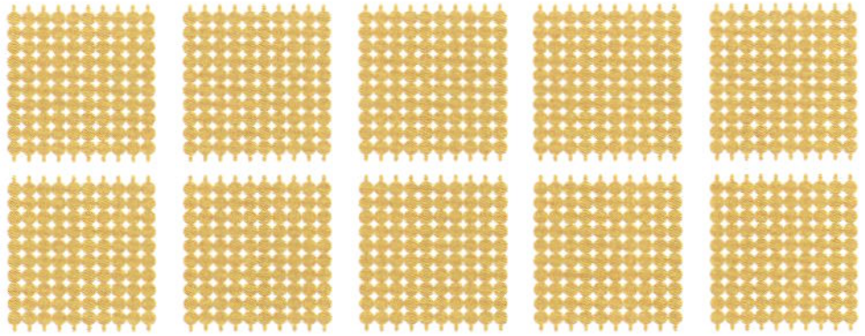

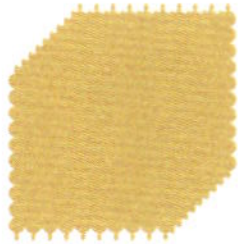

Zehn Hunderterfelder = ein Tausenderblock

1	2	3	4	5	6	7	8	9	10
1	2	3	4	5	6	7	8	9	10
11	12	13	14	15	16	17	18	19	20
21	22	23	24	25	26	27	28	29	30
31	32	33	34	35	36	37	38	39	40
41	42	43	44	45	46	47	48	49	50
51	52	53	54	55	56	57	58	59	60
61	62	63	64	65	66	67	68	69	70
71	72	73	74	75	76	77	78	79	80
81	82	83	84	85	86	87	88	89	90
91	92	93	94	95	96	97	98	99	100
101	102	103	104	105	106	107	108	109	110
111	112	113	114	115	116	117	118	119	120
121	122	123	124	125	126	127	128	129	130
131	132	133	134	135	136	137	138	139	140
141	142	143	144	145	146	147	148	149	150
151	152	153	154	155	156	157	158	159	160
161	162	163	164	165	166	167	168	169	170
171	172	173	174	175	176	177	178	179	180
181	182	183	184	185	186	187	188	189	190
191	192	193	194	195	196	197	198	199	200
201	202	203	204	205	206	207	208	209	210
211	212	213	214	215	216	217	218	219	220
221	222	223	224	225	226	227	228	229	230
231	232	233	234	235		237	238	239	240
241	242	243	244	245	246	247	248	249	250
251	252	253	254	255	256	257	258	259	260
261	262	263	264	265	266	267	268	269	270
271	272	273	274	275	276	277	278	279	280
281	282	283	284	285	286	287	288	289	290
291	292	293	294	295	296	297	298	299	300
301	302	303	304	305	306	307	308	309	310
311	312	313	314	315	316	317	318	319	320
321	322	323	324	325	326	327	328	329	330
331	332	333	334	335	336	337	338	339	340
341	342	343	344	345	346	347	348	349	350
351	352	353	354	355	356	357	358	359	360
361	362	363	364	365	366	367	368	369	370
371	372	373	374	375	376	377	378	379	380
381	382	383	384	385		387	388	389	390
391	392	393	394	395	396	397	398	399	400
401	402	403	404	405	406	407	408	409	410
411	412	413	414	415	416	417	418	419	420
421	422	423	424	425	426	427	428	429	430
431	432	433	434	435	436	437	438	439	440
441	442	443	444	445	446	447	448	449	450
451	452	453	454	455	456	457	458	459	460
461	462	463	464	465	466	467	468	469	470
471	472	473	474	475	476	477	478	479	480
481	482	483	484	485	486	487	488	489	490
491	492	493	494	495	496	497	498	499	500
501	502	503	504	505	506	507	508	509	510
511	512	513	514	515		517	518	519	520
521	522	523	524	525	526	527	528	529	530
531	532	533	534	535	536	537	538	539	540
541	542	543	544	545	546	547	548	549	550
551	552	553	554	555	556	557	558	559	560
561	562	563	564	565	566	567	568	569	570
571	572	573	574	575	576	577	578	579	580
581	582	583	584	585	586	587	588	589	590
591	592	593	594	595	596	597	598	599	600
601	602	603	604	605	606	607	608	609	610
611	612	613	614	615	616	617	618	619	620
621	622	623	624	625	626	627	628	629	630
631	632	633	634	635	636	637	638	639	640
641	642	643	644	645	646	647	648	649	650
651	652	653	654	655	656	657	658	659	660
661	662	663	664	665	666	667	668	669	670
671	672	673	674	675	676	677	678	679	680
681	682	683	684	685	686	687	688	689	690
691	692	693	694	695	696	697	698	699	700
701	702	703	704	705	706	707	708	709	710
711	712	713	714	715	716	717	718	719	720
721	722	723	724	725	726	727	728	729	730
731	732	733	734	735	736	737	738	739	740
741	742	743	744	745	746	747	748	749	750
751	752	753	754	755	756	757	758	759	760
761		763	764	765	766	767	768	769	770
771	772	773	774	775	776	777	778	779	780
781	782	783	784	785	786	787	788	789	790
791	792	793	794	795	796	797	798	799	800
801	802	803	804	805	806	807	808	809	810
811	812	813	814	815	816	817	818	819	820
821	822	823	824	825	826	827	828	829	830
831	832	833	834	835	836	837	838	839	840
841	842	843	844	845	846	847	848	849	850
851	852	853	854	855		857	858	859	860
861	862	863	864	865	866	867	868	869	870
871	872	873	874	875	876	877	878	879	880
881	882	883	884	885	886	887	888	889	890
891	892	893	894	895	896	897	898	899	900
901	902	903	904	905	906	907	908	909	910
911	912	913	914	915	916	917	918	919	920
921	922	923	924	925	926	927	928	929	930
931	932	933	934	935	936	937	938	939	940
941	942	943	944	945	946	947	948	949	950
951	952	953	954	955	956	957	958	959	960
961	962	963	964	965	966	967	968	969	970
971	972	973	974	975	976	977	978	979	980
981	982	983	984	985	986	987		989	990
991	992	993	994	995	996	997	998	999	1000

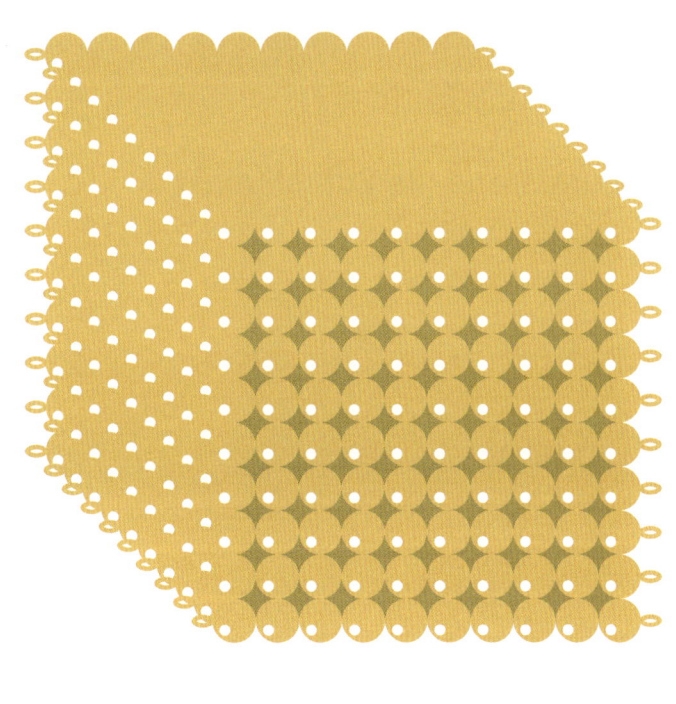

Male alle Hunderterzahlen rot an!

Male die Zahlen 10, 110, 210, 310, 410, 510, 610, 710, 810 und 910 grün an!

Male die Zahlen 112, 119, 182, 189, 422, 429, 472 und 479 blau an!

Kreise die Zahlen 615, 685, 649, 642, 777, 726, 354, 282, 497 und 5 ein!

Kreuze die Zahlen 76, 49, 583, 503, 814, 973, 919, 444, 233 und 687 an!

Wie viele Perlen enthält der Block?

_____

Welche Zahlen fehlen oben im Tausenderfeld?

___ , ___ , ___ , ___

___ , ___ , ___ , ___

Welche Zahlen fehlen hier?

Denke an das Tausenderfeld und trage die Zahlen ein!

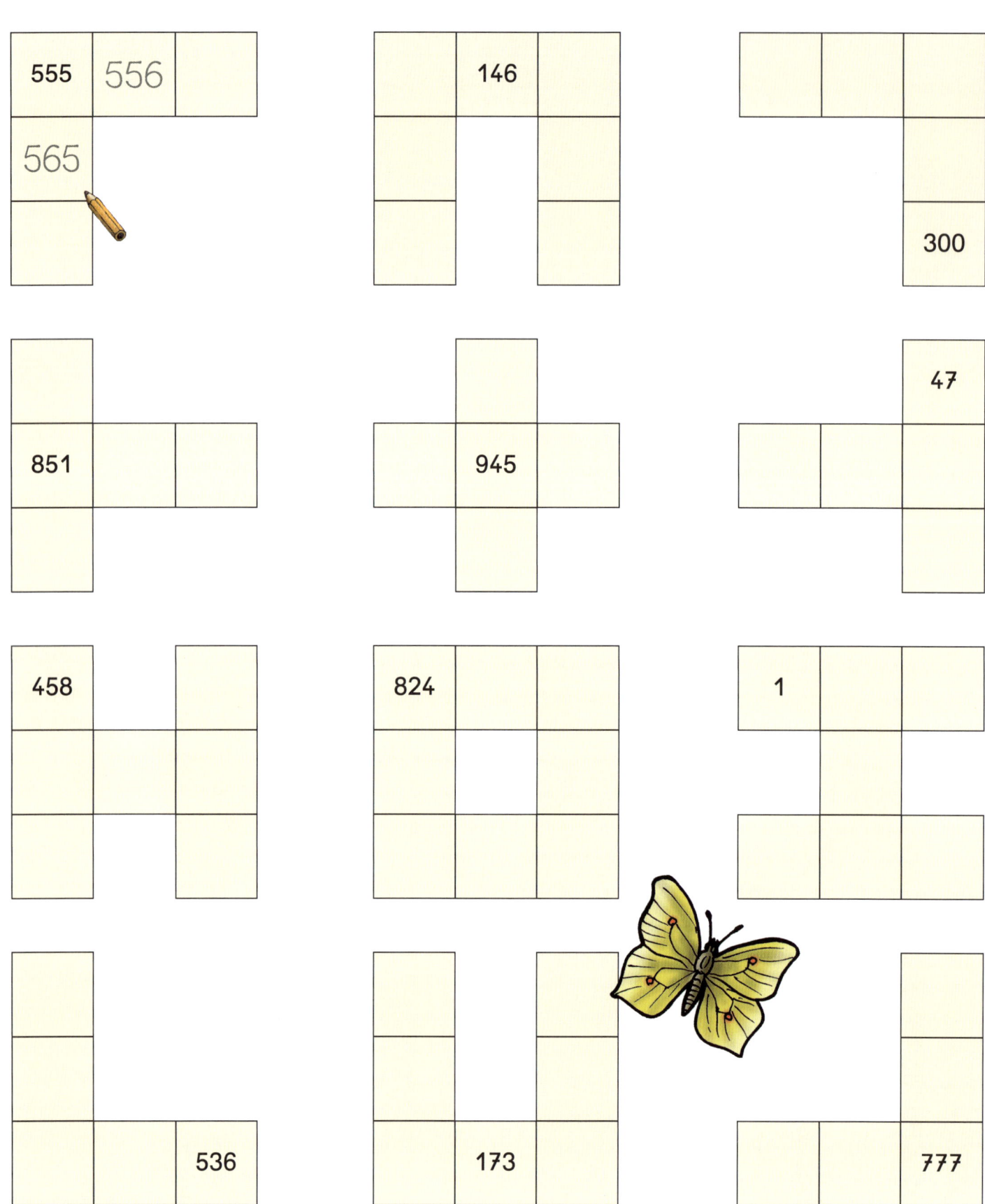

Zähle leise von 900 bis 1000!

Schreibe als Zahl!

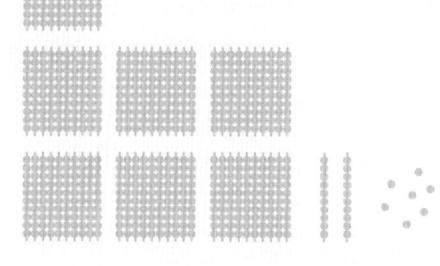

 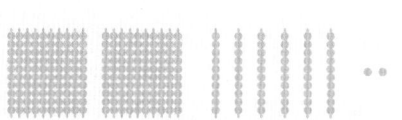

_____   _____   _____

vierhundertachtundvierzig   511   _____

| 80 | 330 | 510 | 700 | 950 |

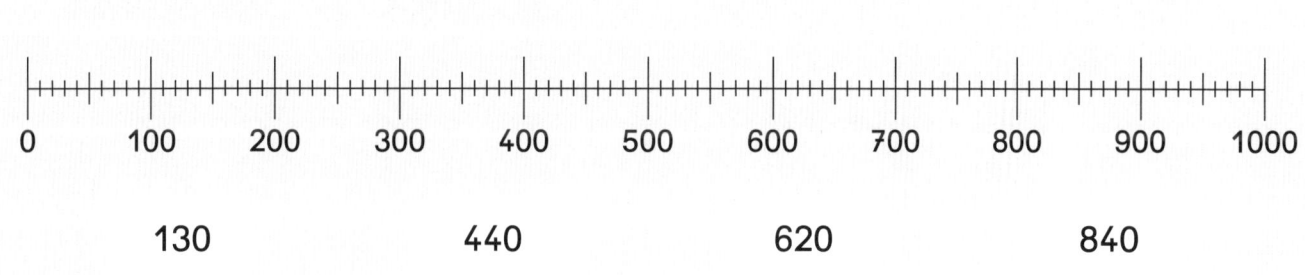

| 130 | 440 | 620 | 840 |

Vorgänger und Nachfolger		
V	Zahl	N
	351	
	216	

Nachbarzehner		
NZ	Zahl	NZ
	746	
	880	

Nachbarhunderter		
NH	Zahl	NH
	244	
	901	

Ordne nach der Größe!

417, 692, 962, 711, 825, 285, 128

_____ , _____ , _____ , _____ ,

_____ , _____ , _____

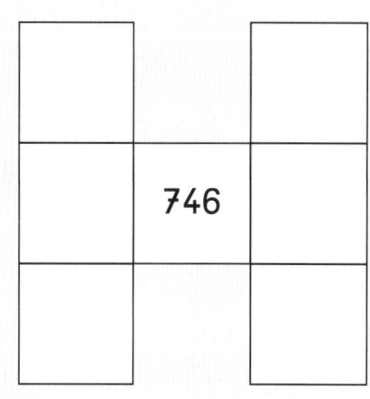

Rechne geschickt!

7 + 2 = _9_	5 + 4 = _____	4 + 3 = _____
70 + 20 = _____	50 + 40 = _____	40 + 30 = _____
700 + 200 = _____	500 + 400 = _____	400 + 300 = _____

300 + 400 = _____	200 + _____ = 1000	200 + 600 = _____
500 + 300 = _____	500 + _____ = 800	300 + 700 = _____
400 + 600 = _____	300 + _____ = 700	400 + 500 = _____
800 + 100 = _____	400 + _____ = 600	200 + 600 = _____

Ergänze zum Tausender!

500 + _500_ = 1000	100 + _____ = 1000
300 + _____ = 1000	900 + _____ = 1000
400 + _____ = 1000	200 + _____ = 1000
800 + _____ = 1000	600 + _____ = 1000

Ergänze zum nächsten Hunderter!

510 + _90_ = 600	170 + _____ = 200	330 + _____ = 400
380 + _____ = 400	940 + _____ = 1000	520 + _____ = 600
450 + _____ = 500	660 + _____ = 700	640 + _____ = 700
220 + _____ = 300	730 + _____ = 800	710 + _____ = 800

Wie alt bist du? ☐

In wie vielen Jahren bist du 20? ☐

Rechne geschickt!

9 − 4 = _____	7 − 5 = _____	8 − 2 = _____
90 − 40 = _____	70 − 50 = _____	80 − 20 = _____
900 − 400 = _____	700 − 500 = _____	800 − 200 = _____

900 − 200 = _____	900 − _____ = 200	600 − 200 = _____
800 − 500 = _____	800 − _____ = 500	700 − 400 = _____
700 − 300 = _____	700 − _____ = 300	500 − 400 = _____
600 − 400 = _____	600 − _____ = 400	400 − 300 = _____

Subtrahiere vom Tausender!

1000 − _____ = 600	1000 − _____ = 800
1000 − _____ = 200	1000 − _____ = 400
1000 − _____ = 100	1000 − _____ = 500
1000 − _____ = 900	1000 − _____ = 300

Subtrahiere zum vorherigen Hunderter!

840 − _____ = 800	310 − _____ = 300	430 − _____ = 400
970 − _____ = 900	270 − _____ = 200	520 − _____ = 500
350 − _____ = 300	990 − _____ = 900	780 − _____ = 700
660 − _____ = 600	540 − _____ = 500	210 − _____ = 200

In wie vielen Jahren bist du 50? [ ]

Erste Mauer
- Obere Reihe: [ ], 400, 300 ✏️
- Untere Reihe: 300, 100, 200

Zweite Mauer
- Obere Reihe: [ ]
- Mittlere Reihe: [ ], [ ]
- Untere Reihe: 300, 100, 100

Dritte Mauer
- Obere Reihe: [ ]
- Mittlere Reihe: [ ], [ ]
- Untere Reihe: 200, 300, 200

Apfel-Mauer
- 1000
- 500, [ ]
- [ ], 100, [ ]

Mittlere Mauer
- 1000
- [ ], 800
- [ ], 100, [ ]

Bananen-Mauer
- 1000
- [ ], 700
- [ ], [ ], 600

Untere linke Mauer
- 1000
- 400, [ ]
- [ ], [ ], 300

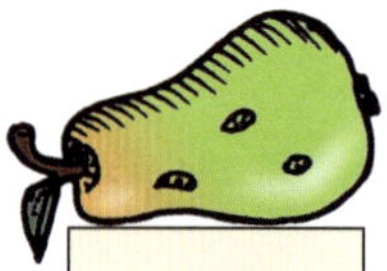

Birnen-Mauer
- 1000
- [ ], 700
- [ ], 200, [ ]

Untere rechte Mauer
- 1000
- [ ], [ ]
- 100, 200, [ ]

---

200 + 700 = _____   900 − 400 = _____   300 + _____ = 600

800 + 200 = _____   600 − 400 = _____   100 + _____ = 700

300 + 400 = _____   800 − 500 = _____   _____ − 100 = 500

300 + 600 = _____   400 − 200 = _____   _____ − 600 = 400

Immer bis zum nächsten Zehner!

367 + _3_ = 370   739 + ___ = 740

528 + ___ = 530   424 + ___ = 430

276 + ___ = 280   847 + ___ = 850

913 + ___ = 920   611 + ___ = 620

Denke an die Partner-zahlen!

Setze fort!

356 + 4 = _360_   35 + 4 = ___   89 − 7 = ___

356 + 5 = ___   135 + 4 = ___   189 − 7 = ___

356 + 6 = ___   235 + 4 = ___   289 − 7 = ___

_356_ + ___ = ___   ___ + ___ = ___   ___ − ___ = ___

724 + 6 = ___   82 + 7 = ___   77 − 4 = ___

724 + 7 = ___   182 + 7 = ___   177 − 4 = ___

724 + 8 = ___   282 + 7 = ___   277 − 4 = ___

___ + ___ = ___   ___ + ___ = ___   ___ − ___ = ___

917 + 3 = ___   53 + 6 = ___   48 − 5 = ___

917 + 4 = ___   153 + 6 = ___   148 − 5 = ___

917 + 5 = ___   253 + 6 = ___   248 − 5 = ___

___ + ___ = ___   ___ + ___ = ___   ___ − ___ = ___

519 + 1 = ___   24 + 5 = ___   66 − 5 = ___

519 + 2 = ___   124 + 5 = ___   166 − 5 = ___

519 + 3 = ___   224 + 5 = ___   266 − 5 = ___

___ + ___ = ___   ___ + ___ = ___   ___ − ___ = ___

521 − 1 = _520_   646 − 6 = _____   834 − 4 = _____   385 − 5 = _____

521 − 2 = _____   646 − 7 = _____   834 − 5 = _____   385 − 6 = _____

521 − 3 = _____   646 − 8 = _____   834 − 6 = _____   385 − 7 = _____

Rechne geschickt!   Kreise jeweils die Zahl ein, die du zuerst addierst!

127 + ③ + 2 = _132_   128 + 8 + 2 = _____

246 + 3 + 4 = _____   255 + 5 + 3 = _____

369 + 1 + 2 = _____   388 + 9 + 2 = _____

477 + 5 + 3 = _____   442 + 5 + 8 = _____

582 + 1 + 8 = _____   523 + 7 + 2 = _____

654 + 3 + 6 = _____   664 + 4 + 6 = _____

733 + 7 + 2 = _____   734 + 6 + 8 = _____

822 + 3 + 8 = _____   875 + 5 + 6 = _____

989 + 1 + 5 = _____   916 + 5 + 4 = _____

936 − 400 = _____   703 − 500 = _____   289 − 100 = _____

763 − 200 = _____   428 − 200 = _____   573 − 300 = _____

841 − 300 = _____   976 − 800 = _____   447 − 200 = _____

674 − 500 = _____   312 − 100 = _____   888 − 400 = _____

836 − 436 = _____   704 − 504 = _____   229 − 129 = _____

753 − 253 = _____   429 − 229 = _____   543 − 343 = _____

821 − 321 = _____   956 − 856 = _____   467 − 267 = _____

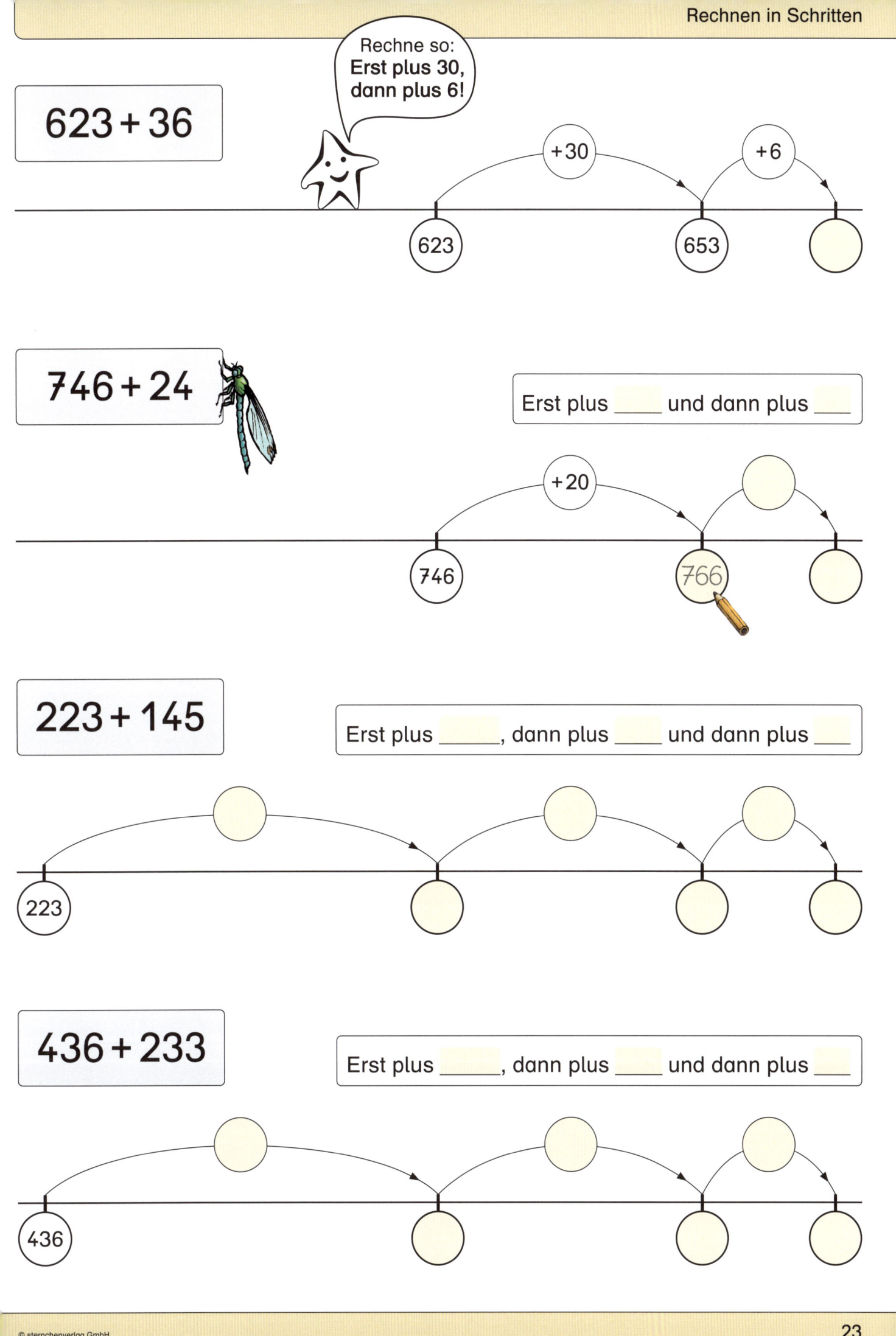

623 + 36

Rechne so:
Erst plus 30,
dann plus 6!

+30   +6

623   653

746 + 24

Erst plus ____ und dann plus ____

+20

746   766

223 + 145

Erst plus _____, dann plus ____ und dann plus ____

223

436 + 233

Erst plus _____, dann plus ____ und dann plus ____

436

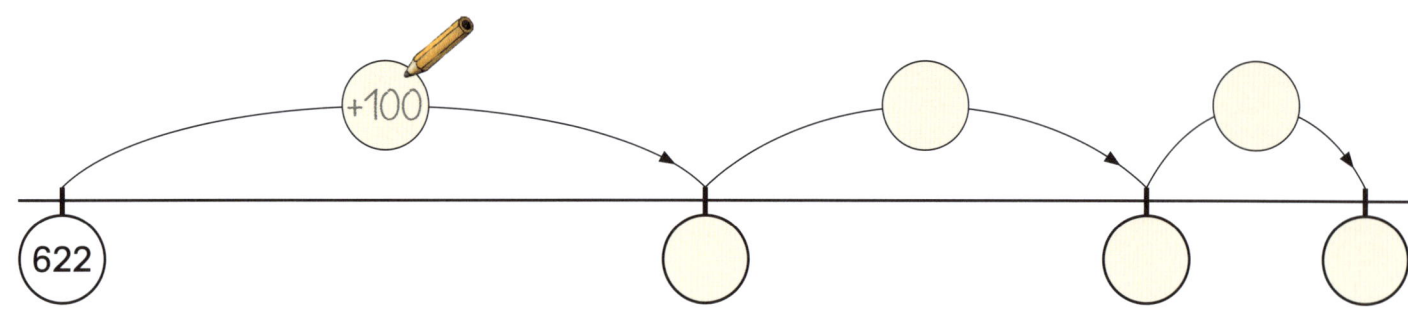

$$622 + 176$$

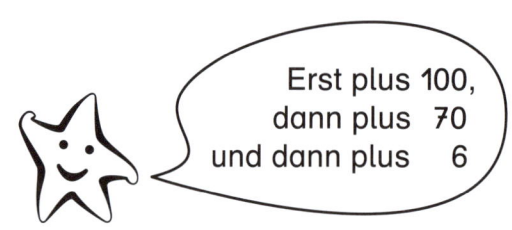

622

622 + 176

622	+	100	=	722
722	+	70	=	792
792	+	6	=	798

Erst plus 100,
dann plus 70
und dann plus 6

251 + 238

251	+	200	=	451
451	+	30	=	
481	+	8	=	

326 + 373

326	+		=	
	+		=	
	+		=	

721 + 125

721	+		=	
	+		=	
	+		=	

437 + 351

437	+		=	
	+		=	
	+		=	

535 + 243

535	+		=	
	+		=	
	+		=	

815 + 123

815	+		=	
	+		=	
	+		=	

☐ **Schüttle deine Finger und ruhe dich kurz aus!**

326 + 129

326 + 100 = 426
426 + 20 = 446
446 + 9 = 455

239 + 358

239 + ____ = ____
539 + ____ = ____
____ + ____ = ____

415 + 378

____ + ____ = ____
____ + ____ = ____
____ + ____ = ____

645 + 245

____ + ____ = ____
____ + ____ = ____
____ + ____ = ____

781 + 219

____ + ____ = ____
____ + ____ = ____
____ + ____ = ____

827 + 165

____ + ____ = ____
____ + ____ = ____
____ + ____ = ____

476 + 245

476 + ____ = ____
____ + ____ = ____
____ + ____ = ____

389 + 434

____ + ____ = ____
____ + ____ = ____
____ + ____ = ____

188 + 544

____ + ____ = ____
____ + ____ = ____
____ + ____ = ____

377 + 457

____ + ____ = ____
____ + ____ = ____
____ + ____ = ____

523 + 398

____ + ____ = ____
____ + ____ = ____
____ + ____ = ____

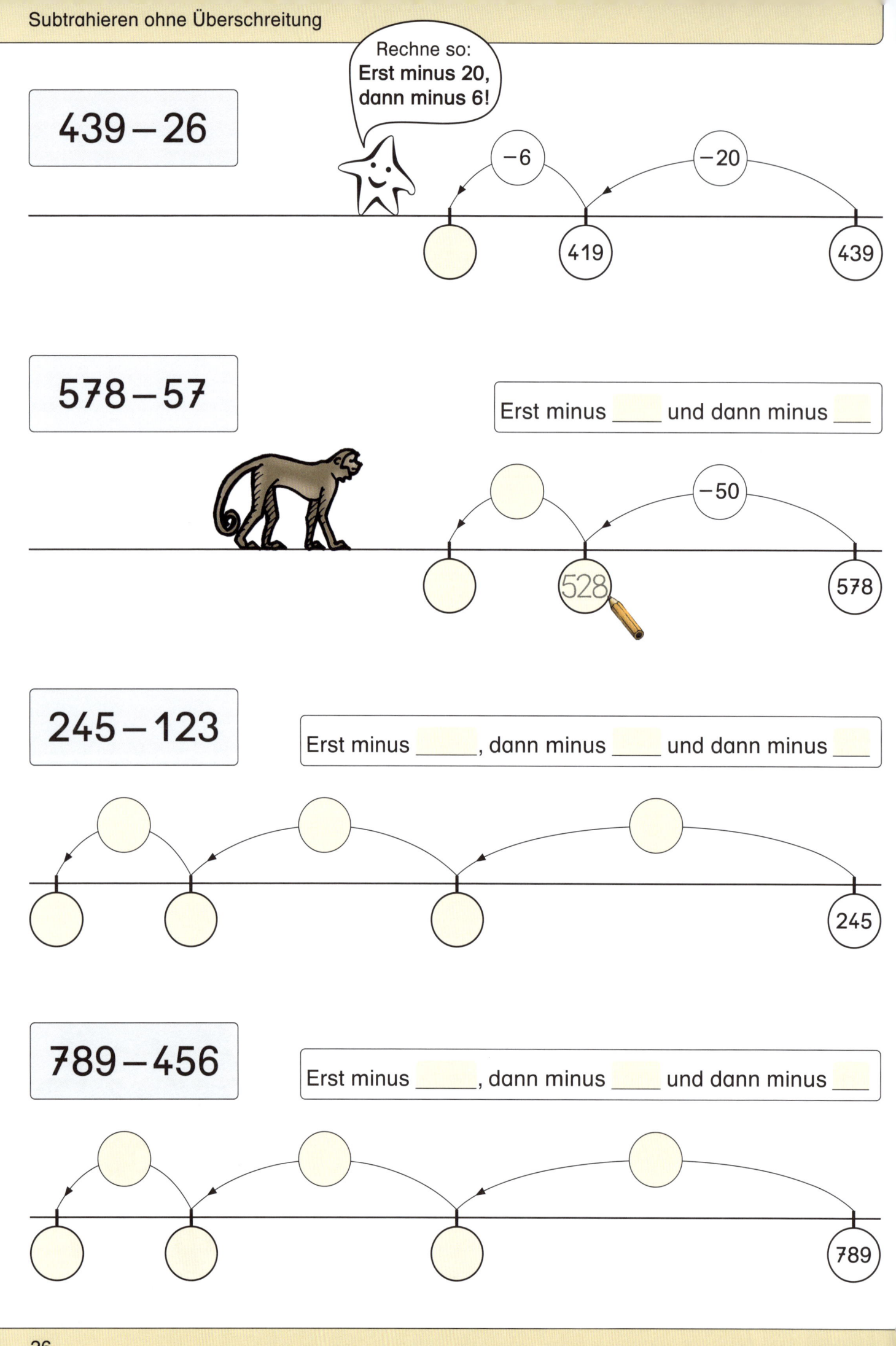

439 − 26

Rechne so:
Erst minus 20,
dann minus 6!

−6   −20

419   439

578 − 57

Erst minus ____ und dann minus ____

−50

528   578

245 − 123

Erst minus _____, dann minus ____ und dann minus ____

245

789 − 456

Erst minus _____, dann minus ____ und dann minus ____

789

768 − 234

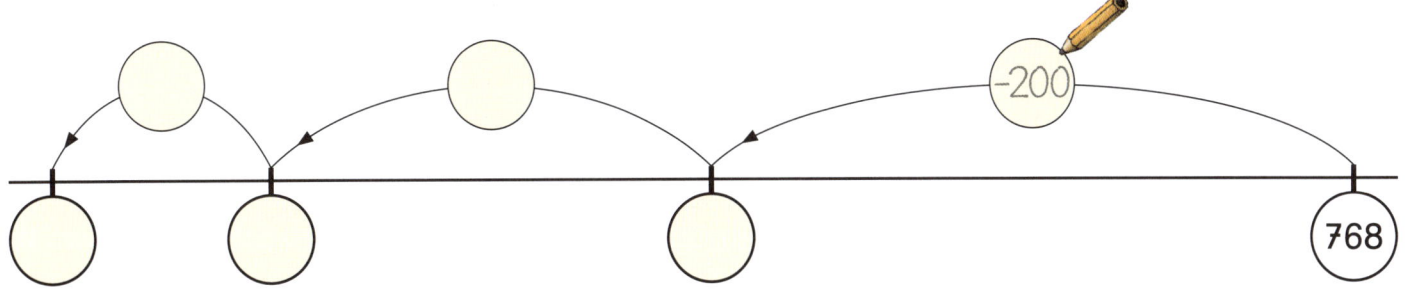

$$768 - 234$$

$$768 - 200 = \boxed{568}$$
$$\boxed{568} - 30 = 538$$
$$538 - 4 = 534$$

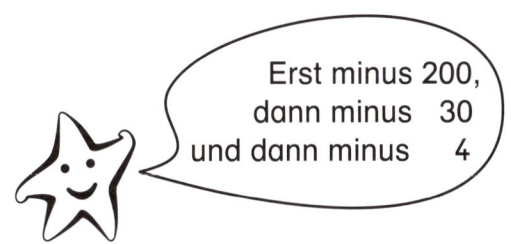

Erst minus 200,
dann minus 30
und dann minus 4

$$579 - 356$$

$$579 - 300 = \boxed{279}$$
$$\boxed{279} - 50 = \underline{\quad}$$
$$\underline{\quad} - 6 = \underline{\quad}$$

$$657 - 431$$

$$657 - 400 = \underline{\quad}$$
$$\underline{\quad} - 30 = \underline{\quad}$$
$$\underline{\quad} - 1 = \underline{\quad}$$

$$475 - 234$$

$$\underline{\quad} - \underline{\quad} = \underline{\quad}$$
$$\underline{\quad} - \underline{\quad} = \underline{\quad}$$
$$\underline{\quad} - \underline{\quad} = \underline{\quad}$$

$$846 - 624$$

$$\underline{\quad} - \underline{\quad} = \underline{\quad}$$
$$\underline{\quad} - \underline{\quad} = \underline{\quad}$$
$$\underline{\quad} - \underline{\quad} = \underline{\quad}$$

$$389 - 177$$

$$\underline{\quad} - \underline{\quad} = \underline{\quad}$$
$$\underline{\quad} - \underline{\quad} = \underline{\quad}$$
$$\underline{\quad} - \underline{\quad} = \underline{\quad}$$

$$947 - 231$$

$$\underline{\quad} - \underline{\quad} = \underline{\quad}$$
$$\underline{\quad} - \underline{\quad} = \underline{\quad}$$
$$\underline{\quad} - \underline{\quad} = \underline{\quad}$$

☐ **Stelle dich auf ein Bein, schließe die Augen und zähle bis fünf!**

Hast du es geschafft?   ja ☐   nein ☐

584 − 235

584 − 200 = 384

384 − 30 = _____

354 − 5 = _____

793 − 355

_____ − 300 = _____

_____ − _____ = _____

_____ − _____ = _____

846 − 338

_____ − _____ = _____

_____ − _____ = _____

_____ − _____ = _____

467 − 249

_____ − _____ = _____

_____ − _____ = _____

_____ − _____ = _____

985 − 637

_____ − _____ = _____

_____ − _____ = _____

_____ − _____ = _____

264 − 137

_____ − _____ = _____

_____ − _____ = _____

_____ − _____ = _____

821 − 395

_____ − _____ = _____

_____ − _____ = _____

_____ − _____ = _____

658 − 269

_____ − _____ = _____

_____ − _____ = _____

_____ − _____ = _____

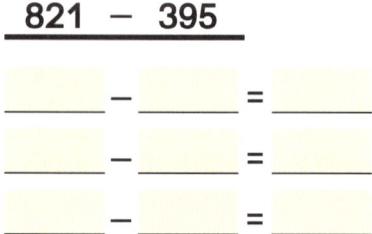

424 − 236

_____ − _____ = _____

_____ − _____ = _____

_____ − _____ = _____

710 − 293

_____ − _____ = _____

_____ − _____ = _____

_____ − _____ = _____

526 − 387

_____ − _____ = _____

_____ − _____ = _____

_____ − _____ = _____

663 − 277

_____ − _____ = _____

_____ − _____ = _____

_____ − _____ = _____

☐ Mache drei Kniebeugen!

MERKE

Erst die Einer, dann die Zehner, dann die Hunderter und von unten nach oben!

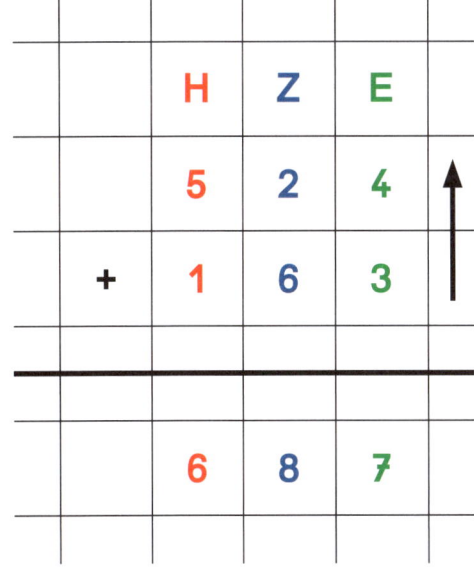

	H	Z	E
	5	2	4
+	1	6	3
	6	8	7

Sprich so:

3 Einer plus 4 Einer gleich 7 Einer,
✎ notiere 7

6 Zehner plus 2 Zehner gleich 8 Zehner,
✎ notiere 8

1 Hunderter plus 5 Hunderter gleich 6 Hunderter,
✎ notiere 6

Summe   687

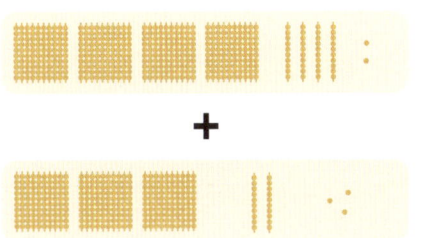

H	Z	E
4	4	2
3↑	2↑	3↑
7	6	5

von unten nach oben

3E plus 2E gleich 5E

2Z plus 4Z gleich 6Z

3H plus 4H gleich 7H

Summe   765

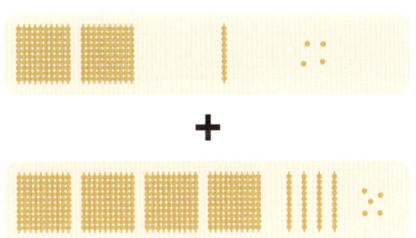

H	Z	E
2	1	4
4↑	4↑	5↑
		9

Summe

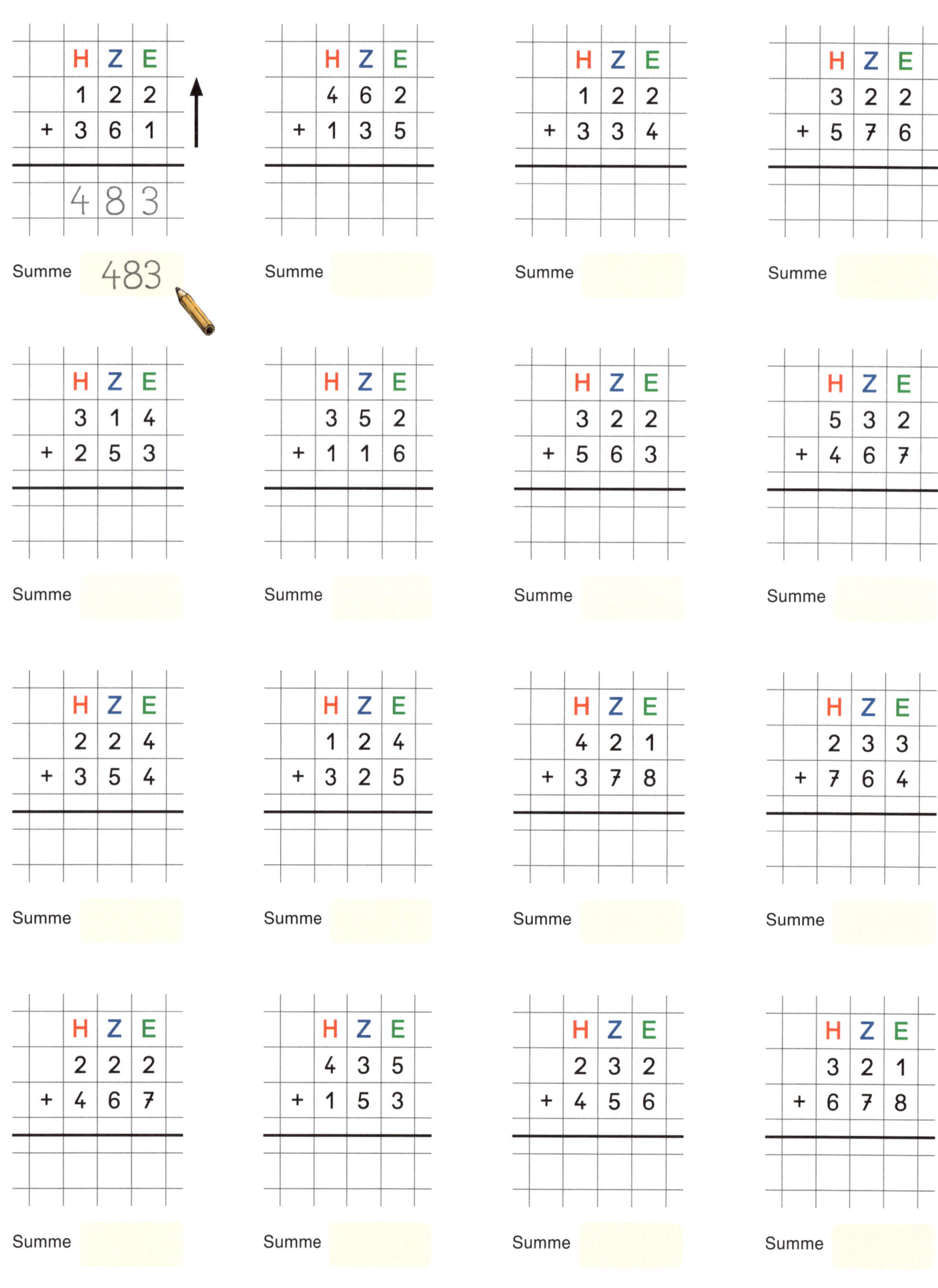

	H	Z	E
	1	2	2
+	3	6	1
	4	8	3

Summe **483**

	H	Z	E
	4	6	2
+	1	3	5

Summe

	H	Z	E
	1	2	2
+	3	3	4

Summe

	H	Z	E
	3	2	2
+	5	7	6

Summe

	H	Z	E
	3	1	4
+	2	5	3

Summe

	H	Z	E
	3	5	2
+	1	1	6

Summe

	H	Z	E
	3	2	2
+	5	6	3

Summe

	H	Z	E
	5	3	2
+	4	6	7

Summe

	H	Z	E
	2	2	4
+	3	5	4

Summe

	H	Z	E
	1	2	4
+	3	2	5

Summe

	H	Z	E
	4	2	1
+	3	7	8

Summe

	H	Z	E
	2	3	3
+	7	6	4

Summe

	H	Z	E
	2	2	2
+	4	6	7

Summe

	H	Z	E
	4	3	5
+	1	5	3

Summe

	H	Z	E
	2	3	2
+	4	5	6

Summe

	H	Z	E
	3	2	1
+	6	7	8

Summe

Lösungen: 483, 567, 456, 799, 597, 468, 885, 898, 999, 578, 449, 997, 689, 999, 588, 688

Schreibe nun die Aufgaben richtig untereinander auf und rechne!

426 + 363　　412 + 364　　402 + 215　　323 + 225

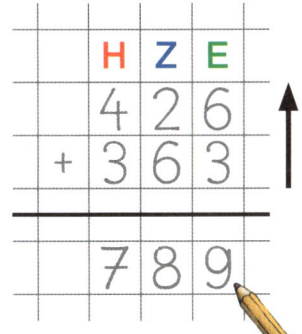　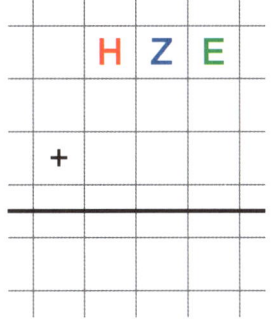　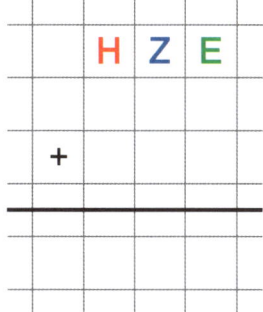　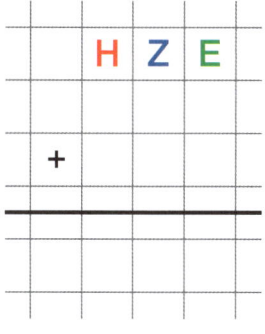

231 + 464　　212 + 387　　220 + 673　　401 + 364

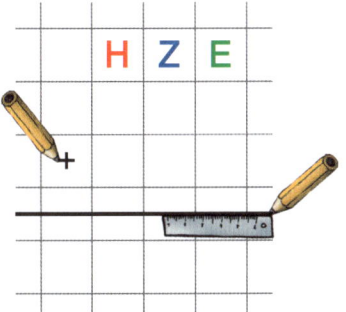　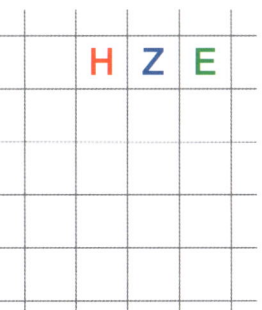　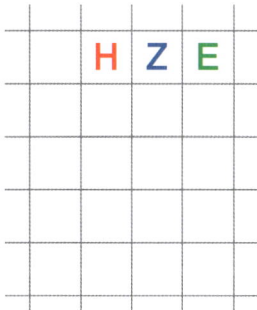　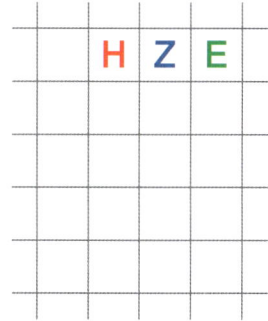

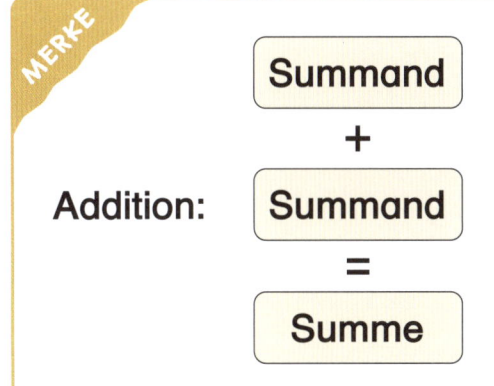

MERKE

Addition:　Summand
+
Summand
=
Summe

MERKE

0 ist Nichts!
8 + 0 = 8
0 + 8 = 8

35 + 304　　720 + 209　　546 + 232　　511 + 401

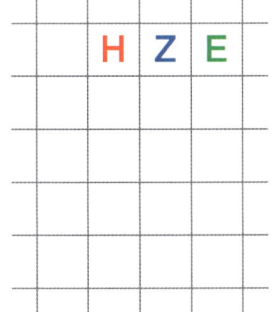　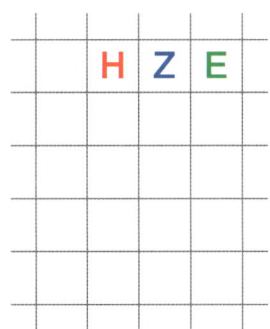　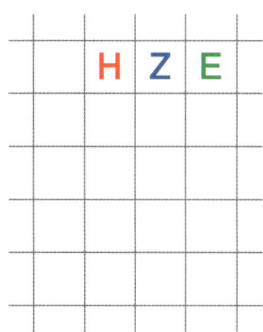　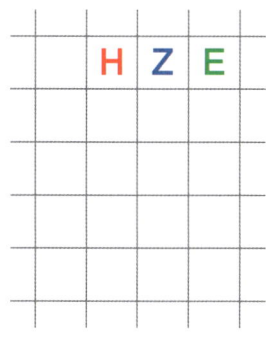

Lösungen:　339, 893, 789, 929, 599, 776, 765, 695, 617, 778, 548, 912

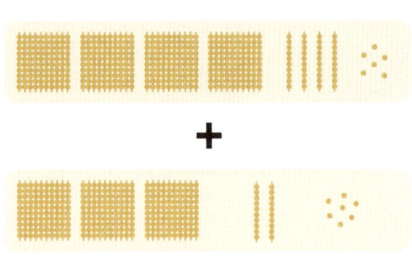

+

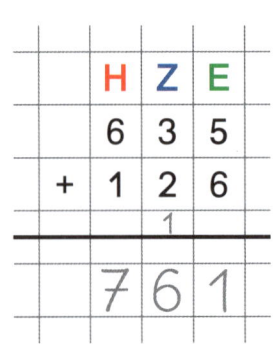

H	Z	E
4	4	6
3	2	7
	1	
7	7	3

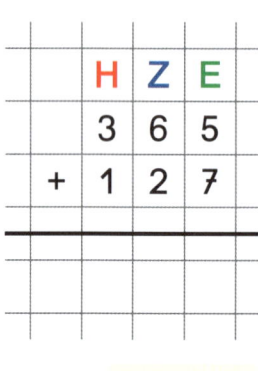

7 E plus 6 E gleich 13 E

Ich muss 10 E
gegen 1 Z tauschen.
Ich schreibe also
1 Z zu den Zehnern
und behalte 3 E.

H	Z	E
6	3	5
+ 1	2	6
	1	
7	6	1

Summe 761

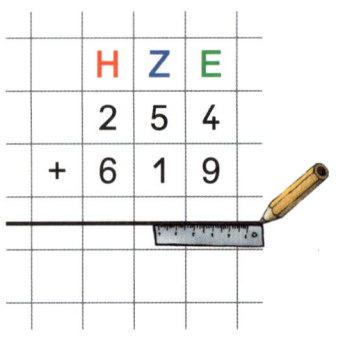

H	Z	E
2	5	4
+ 6	1	9

Summe

H	Z	E
3	4	6
+ 4	3	6

Summe

H	Z	E
2	5	4
+ 7	2	8

Summe

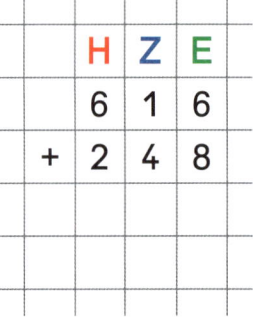

H	Z	E
6	1	6
+ 2	4	8

Summe

H	Z	E
4	2	8
+ 2	0	7

Summe

H	Z	E
2	2	8
+ 7	2	8

Summe

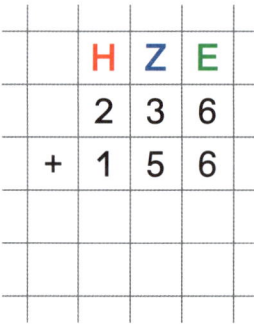

H	Z	E
2	3	6
+ 1	5	6

Summe

H	Z	E
1	1	9
+ 8	1	4

Summe

H	Z	E
3	6	5
+ 1	2	7

Summe

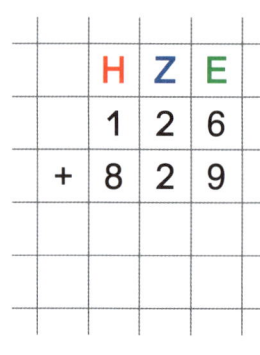

H	Z	E
1	2	6
+ 8	2	9

Summe

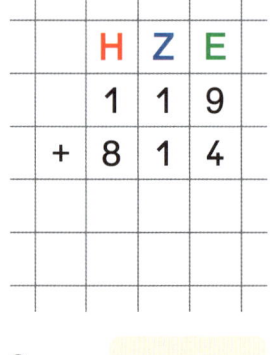

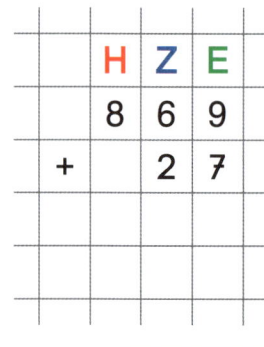

H	Z	E
8	6	9
+	2	7

Summe

Lösungen: 982, 392, 635, 873, 955, 761, 933, 956, 782, 896, 492, 864

Nicht vergessen, beginne mit den Einern!

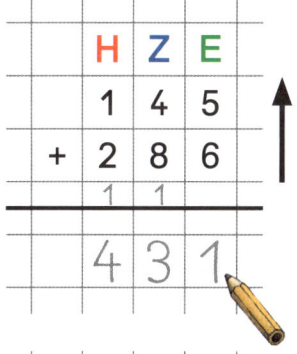

H	Z	E
1	4	5
+ 2	8	6
1	1	
4	3	1

H	Z	E
3	7	3
+ 2	5	8

H	Z	E
1	8	6
+ 4	3	6

H	Z	E
4	5	7
+ 3	9	7

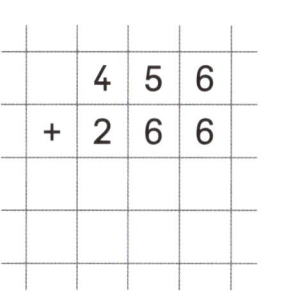

	2	3	5
+	3	8	7

	6	5	4
+	2	7	7

	1	4	1
+	3	6	9

	3	4	8
+	5	5	3

	4	5	6
+	2	6	6

	3	9	7
+	3	1	4

	1	3	4
+	7	7	7

	6	9	1
+	1	9	9

	4	8	2
+	3	4	9

	6	3	9
+	2	6	5

	7	6	5
+	1	9	6

	4	8	2
+	2	6	9

Vorsicht mit der Null! Merke: 0 + 3 = 3   7 + 3 = 10 ➜ Schreibe 0 Einer und 1 Zehner!

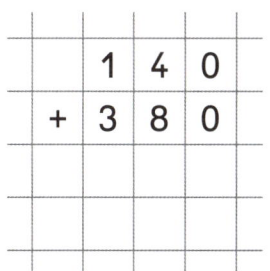

	1	4	0
+	3	8	0

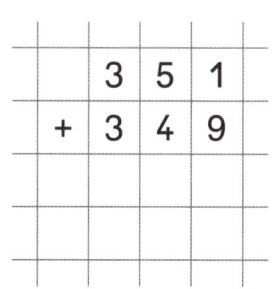

	3	5	1
+	3	4	9

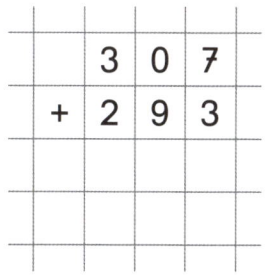

	3	0	7
+	2	9	3

	2	9	6
+	3	0	4

Weißt du noch? [S _____] + [_____] = [Summe]

Welches Ergebnis ist es <u>ungefähr</u>? Kreuze an! Nutze ein Lineal!

Überschlag (Ü)		genaue Rechnung

307 + 287   ☐ 500   ☐ 600

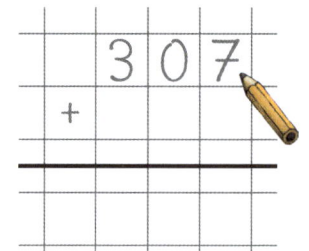

Summe

471 + 216   ☐ 700   ☐ 600

Summe

177 + 432   ☐ 600   ☐ 700

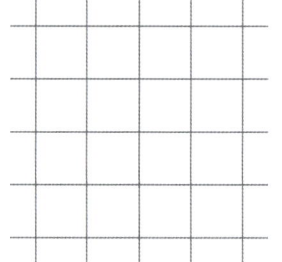

Summe

126 + 771   ☐ 900   ☐ 800

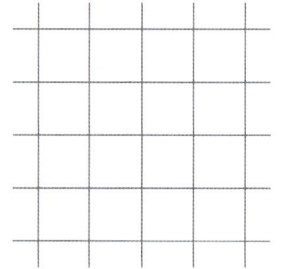

Summe

621 + 269   ☐ 900   ☐ 800

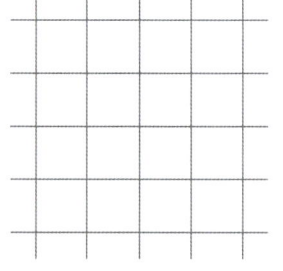

Summe

Lösungen: 687, 609, 594, 897, 890

Im Kopf oder schriftlich? Kreuze an! Nutze ein Lineal!

399 + 219

☐ im Kopf =

☐ schriftlich ⟶

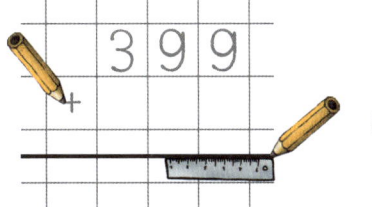

Summe

---

508 + 302

☐ im Kopf =

☐ schriftlich ⟶

Summe

---

293 + 407

☐ im Kopf =

☐ schriftlich ⟶

Summe

---

625 + 205

☐ im Kopf =

☐ schriftlich ⟶

Summe

---

404 + 296

☐ im Kopf =

☐ schriftlich ⟶

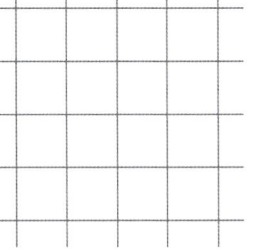

Summe

Lösungen: 810, 618, 830, 700, 700

Rechne so   **oder**   **so!**

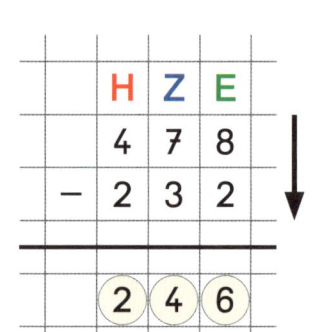

H	Z	E		Ziehe ab!
4	7	8		$8 - 2 = 6$
− 2	3	2		$7 - 3 = 4$
2	4	6		$4 - 2 = 2$

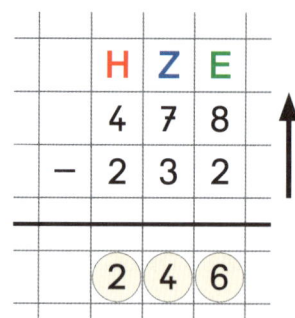

H	Z	E		Ergänze!
4	7	8		$2 + 6 = 8$
− 2	3	2		$3 + 4 = 7$
2	4	6		$2 + 2 = 4$

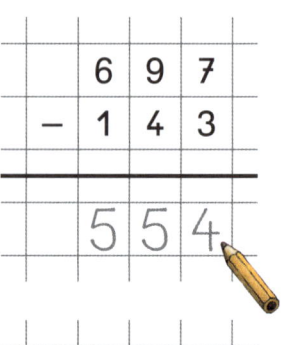

	6	9	7
−	1	4	3
	5	5	4

	5	8	7
−	3	4	4

	6	2	8
−	4	1	4

	9	4	6
−	2	3	4

	8	8	9
−	2	4	4

	7	6	3
−	3	5	2

	4	6	6
−	3	1	5

	3	9	3
−	1	8	2

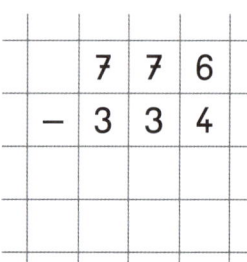

	5	9	3
−	1	7	2

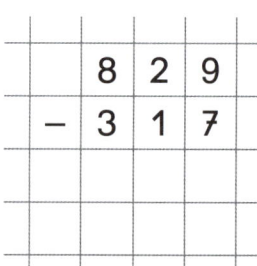

	7	7	6
−	3	3	4

	8	2	9
−	3	1	7

	2	8	4
−	1	4	3

Vorsicht mit der Null!   Merke: $2 - 0 = 2$ $6 + 0 = 6$!

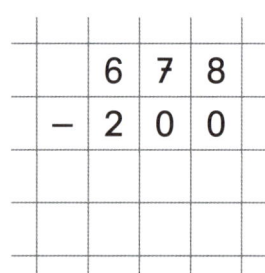

	6	7	8
−	2	0	0

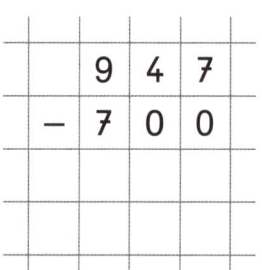

	9	4	7
−	7	0	0

	4	5	6
−	2	0	6

	8	9	5
−	3	9	0

Lösungen: 243, 151, 512, 247, 421, 554, 478, 250, 141, 211, 442, 411, 712, 645, 505, 214

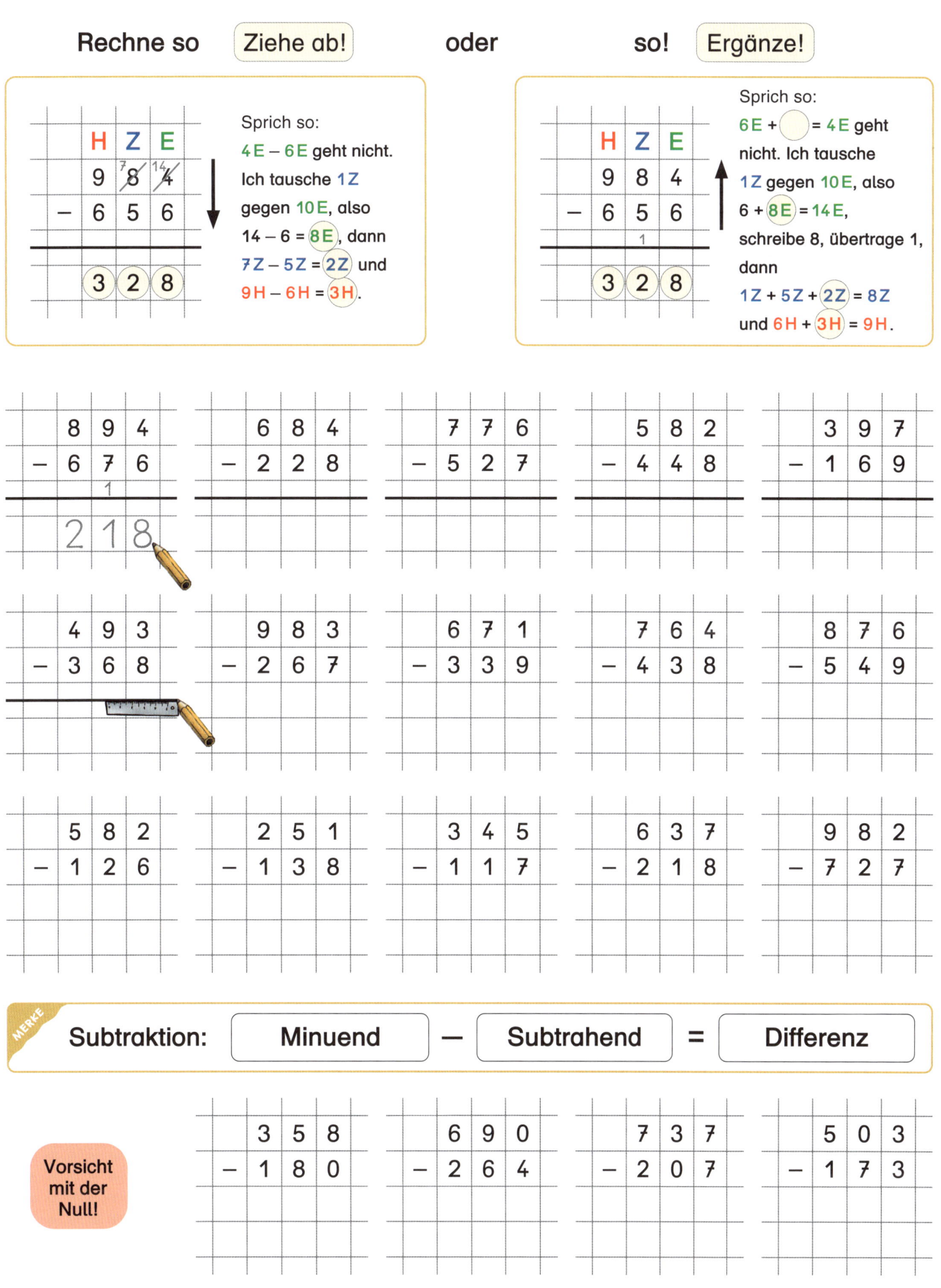

Rechne so | Ziehe ab! | **oder** | **so!** | Ergänze!

Sprich so:

4 E – 6 E geht nicht. Ich tausche 1 Z gegen 10 E, also 14 – 6 = 8 E, dann 7 Z – 5 Z = 2 Z und 9 H – 6 H = 3 H.

	H	Z	E
	9	8̶ 7	4̶ 14
–	6	5	6
	③	②	⑧

Sprich so:

6 E + ◯ = 4 E geht nicht. Ich tausche 1 Z gegen 10 E, also 6 + 8 E = 14 E, schreibe 8, übertrage 1, dann 1 Z + 5 Z + 2 Z = 8 Z und 6 H + 3 H = 9 H.

	H	Z	E
	9	8	4
–	6	5	6
		1	
	③	②	⑧

	8	9	4
–	6	7	6
		1	
	2	1	8

	6	8	4
–	2	2	8

	7	7	6
–	5	2	7

	5	8	2
–	4	4	8

	3	9	7
–	1	6	9

	4	9	3
–	3	6	8

	9	8	3
–	2	6	7

	6	7	1
–	3	3	9

	7	6	4
–	4	3	8

	8	7	6
–	5	4	9

	5	8	2
–	1	2	6

	2	5	1
–	1	3	8

	3	4	5
–	1	1	7

	6	3	7
–	2	1	8

	9	8	2
–	7	2	7

MERKE

Subtraktion: | Minuend | – | Subtrahend | = | Differenz

Vorsicht mit der Null!

	3	5	8
–	1	8	0

	6	9	0
–	2	6	4

	7	3	7
–	2	0	7

	5	0	3
–	1	7	3

Lösungen: 178, 426, 716, 218, 327, 125, 113, 419, 249, 530, 228, 456, 134, 326, 330, 332, 228, 255, 456

Welches Ergebnis ist es <u>ungefähr</u>? Kreuze an!

Überschlag (Ü)	genaue Rechnung

831 − 329
☐ 450
☐ 500

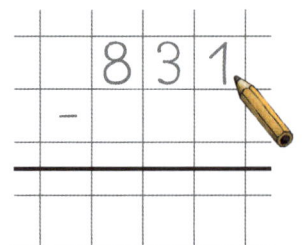

Differenz

698 − 249
☐ 400
☐ 450

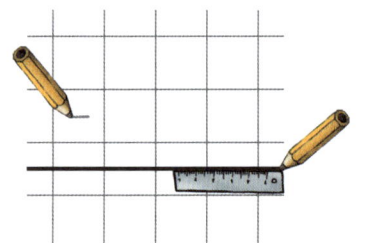

Differenz

778 − 581
☐ 150
☐ 200

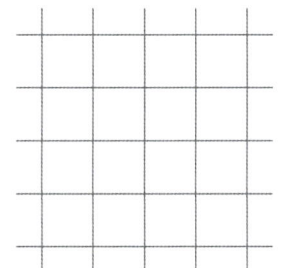

Differenz

503 − 352
☐ 150
☐ 200

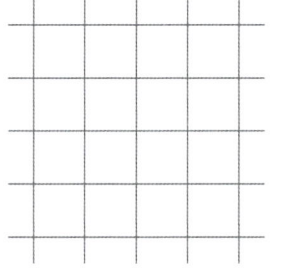

Differenz

488 − 279
☐ 200
☐ 250

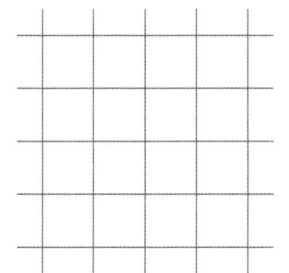

Differenz

Lösungen: 449, 151, 209, 197, 502

Im Kopf oder schriftlich? Kreuze an!

499 − 201

☐ im Kopf =

☐ schriftlich ⟶ 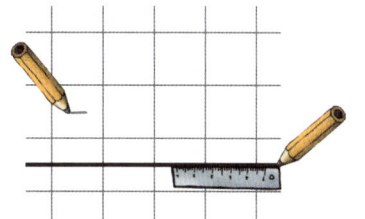   Differenz

652 − 433

☐ im Kopf =

☐ schriftlich ⟶ 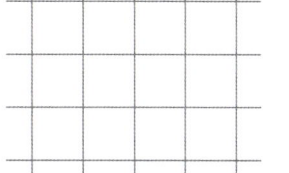   Differenz

725 − 230

☐ im Kopf =

☐ schriftlich ⟶ 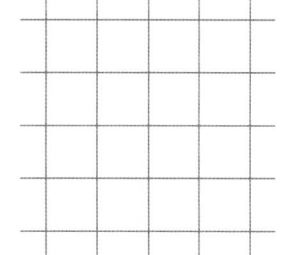   Differenz

596 − 387

☐ im Kopf =

☐ schriftlich ⟶ 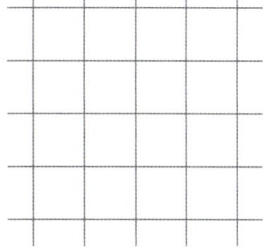   Differenz

945 − 743

☐ im Kopf =

☐ schriftlich ⟶ 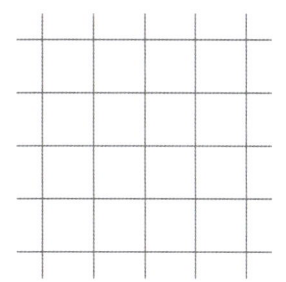   Differenz

Lösungen: 298, 209, 219, 202, 495

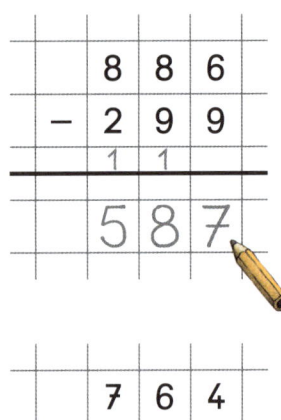

```
    8 8 6
  - 2 9 9
    1 1
    5 8 7
```

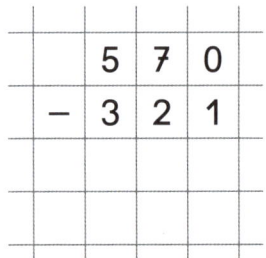

```
    4 3 2
  - 1 6 8
```

```
    5 2 4
  - 3 6 8
```

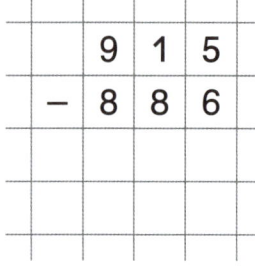

```
    9 1 5
  - 8 8 6
```

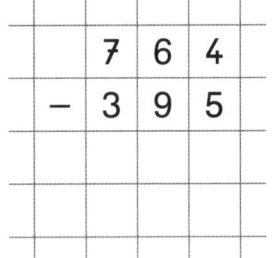

```
    7 6 4
  - 3 9 5
```

```
    1 3 1
  -   8 9
```

```
    6 1 7
  - 4 2 8
```

```
    3 4 4
  - 2 8 9
```

Vorsicht mit der Null!

```
    5 7 0
  - 3 2 1
```

```
    5 8 7
  - 2 0 5
```

```
    6 2 3
  - 1 2 3
```

```
    8 0 1
  - 7 9 8
```

Schreibe stellengerecht untereinander und rechne!

983−624

```
    9 8 3
  - 6 2 4
```

778−689

901−498

770−121

511−319

610−311

413−298

963−273

Addiere!

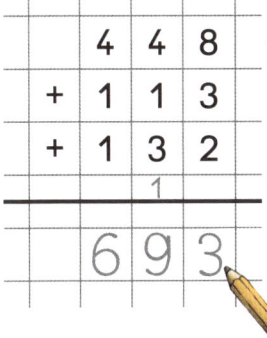

MERKE

Addiere zuerst alle Einer, dann alle Zehner und dann die Hunderter!

Vorsicht mit der Null!

```
   4 4 8          2 8 1          6 1 2          2 0 8
 + 1 1 3        + 5 4 2        + 1 2 4        + 3 0 2
 + 1 3 2        + 1 2 4        +   4 8        + 4 1 2
 ─────────      ─────────      ─────────      ─────────
   6 9 3
```

```
   3 2 8          7 0 1          4 1 0          3 3 3
 + 4 1 3        +   0 0        + 2 1 1        + 4 4 4
 + 1 8 5        + 2 1 0        + 1 0 1        + 1 3 1
 ─────────      ─────────      ─────────      ─────────
```

```
   2 9 8          6 4 5          5 2 3            9 3
 + 4 3 1        + 1 0 2        + 2 6 0        + 1 2 8
 + 2 0 1        + 1 7 5        + 1 1 4        + 5 9 1
 ─────────      ─────────      ─────────      ─────────
```

```
   1 2 3          2 0 3          3 3 4            2 2
 + 6 5 4        +   1 7        + 1 9 4        + 1 2 2
 + 1 0 7        + 1 8 4        +   1 9        +     8
 + 1 0 1        +   4 9        + 2 9 7        + 5 7 9
 ─────────      ─────────      ─────────      ─────────
```

```
   2 2 5            2 4          2 8 8            7 6
 + 1 7 6        + 7 8 3        + 1 9 9        + 1 2 0
 + 4 0 1        +   4 3        +   9 8        + 1 7 0
 + 1 3 1        + 1 0 1        +   2 7        + 4 0 1
 ─────────      ─────────      ─────────      ─────────
```

Lösungen: 951, 784, 926, 722, 612, 908, 767, 933, 844, 693, 922, 922, 812, 911, 731, 453, 947, 985, 930, 897

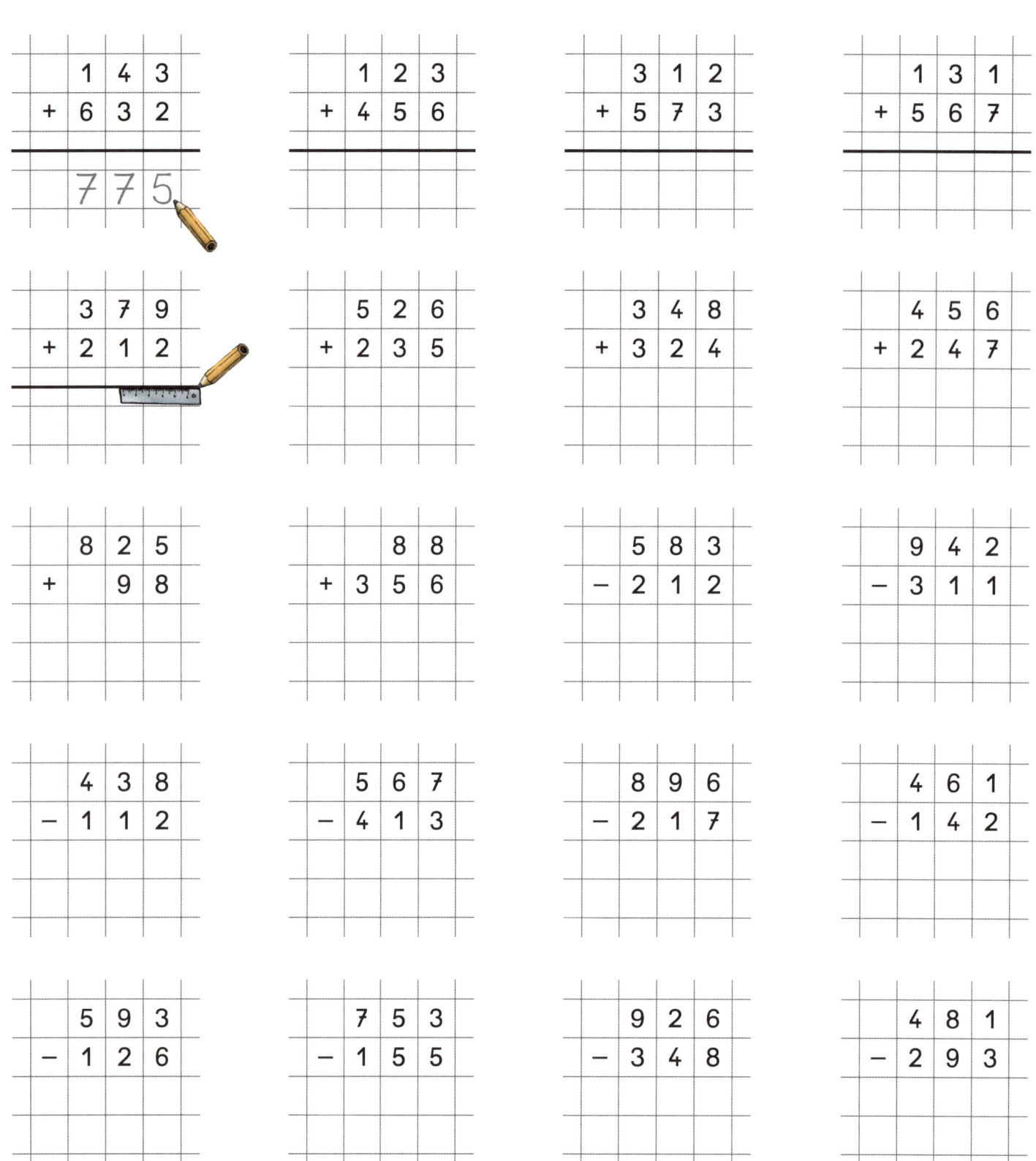

```
   1 4 3        1 2 3        3 1 2        1 3 1
 + 6 3 2      + 4 5 6      + 5 7 3      + 5 6 7
 ─────────    ─────────    ─────────    ─────────
   7 7 5
```

```
   3 7 9        5 2 6        3 4 8        4 5 6
 + 2 1 2      + 2 3 5      + 3 2 4      + 2 4 7
```

```
   8 2 5          8 8        5 8 3        9 4 2
 +   9 8      + 3 5 6      - 2 1 2      - 3 1 1
```

```
   4 3 8        5 6 7        8 9 6        4 6 1
 - 1 1 2      - 4 1 3      - 2 1 7      - 1 4 2
```

```
   5 9 3        7 5 3        9 2 6        4 8 1
 - 1 2 6      - 1 5 5      - 3 4 8      - 2 9 3
```

Weißt du noch?

M _____ — S _____ = D _____

Lösungen: 188, 154, 775, 761, 703, 371, 579, 672, 578, 679, 326, 598, 923, 698, 444, 631, 467, 885, 591, 319

MERKE

Aufgabe	Umkehraufgaben
$26 + 43 = 69$	$69 - 26 = 43$ und $69 - 43 = 26$

Aufgaben

Umkehraufgaben

$$\begin{array}{r} 3\ 2\ 4 \\ +\ 6\ 1\ 2 \\ \hline 9\ 3\ 6 \end{array}$$

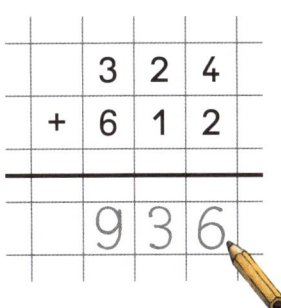

$$\begin{array}{r} 9\ 3\ 6 \\ -\ 6\ 1\ 2 \\ \hline 3\ 2\ 4 \end{array}$$

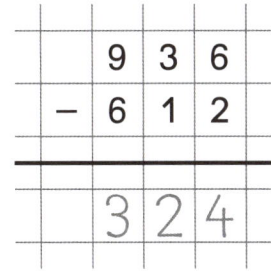

$$\begin{array}{r} 9\ 3\ 6 \\ -\ 3\ 2\ 4 \\ \hline 6\ 1\ 2 \end{array}$$

$$\begin{array}{r} 9\ 8\ 7 \\ -\ 5\ 2\ 4 \\ \hline \end{array}$$

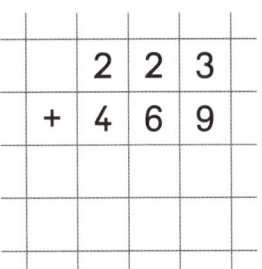

$$\begin{array}{r} 4\ 6\ 3 \\ +\ 5\ 2\ 4 \\ \hline \end{array}$$

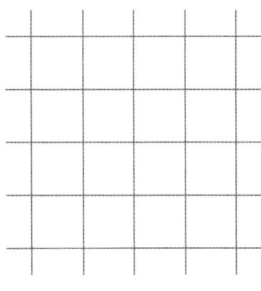

$$\begin{array}{r} 5\ 2\ 4 \\ +\ 4\ 6\ 3 \\ \hline \end{array}$$

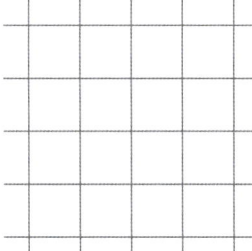

$$\begin{array}{r} 6\ 6\ 5 \\ +\ 1\ 8\ 7 \\ \hline \end{array}$$

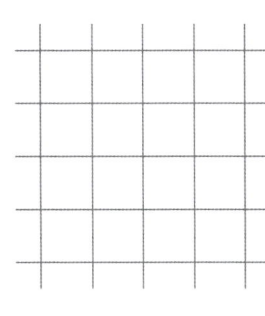

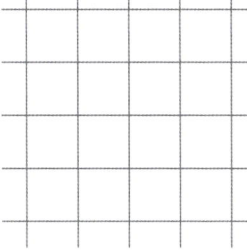

$$\begin{array}{r} 8\ 0\ 1 \\ -\ 3\ 1\ 6 \\ \hline \end{array}$$

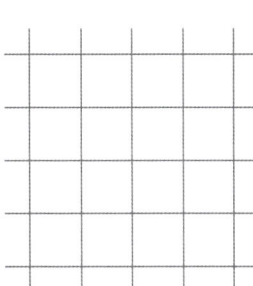

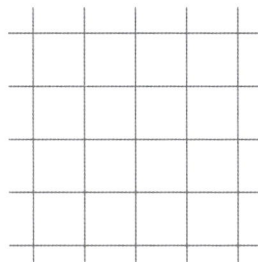

$$\begin{array}{r} 2\ 2\ 3 \\ +\ 4\ 6\ 9 \\ \hline \end{array}$$

Lösungen: 692, 463, 936, 852, 485

Rechne im Kopf!

$576 + 59 =$ _____ $413 + 99 =$ _____ $774 - 69 =$ _____ $347 - 99 =$ _____

$243 + 29 =$ _____ $806 + 98 =$ _____ $502 - 39 =$ _____ $826 - 98 =$ _____

Welches Ergebnis ist es ungefähr? Kreuze an! Überschlage!

$607 + 287$ ☐ 850   ☐ 900

$278 + 623$ ☐ 900   ☐ 950

_____	+	_____	=	Summe
_____	–	_____	=	D

Addiere schriftlich!

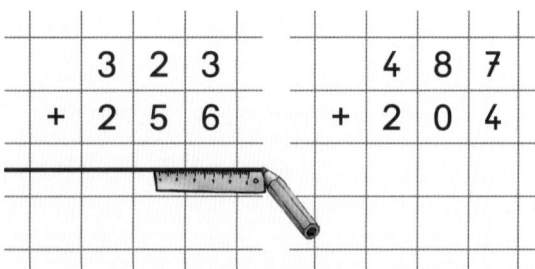

```
  3 2 3        4 8 7        2 9 8        5 0 3        1 5 9
+ 2 5 6      + 2 0 4      + 1 3 7      + 1 9 7      + 7 4 9
```

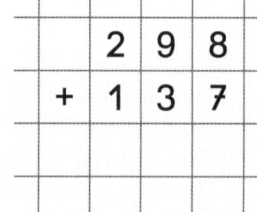
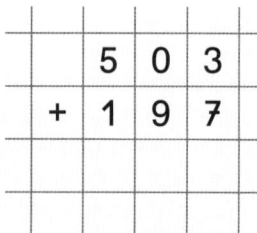
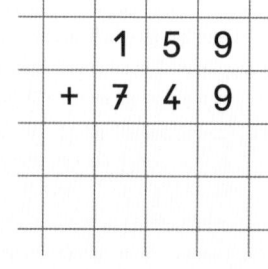

Subtrahiere schriftlich!

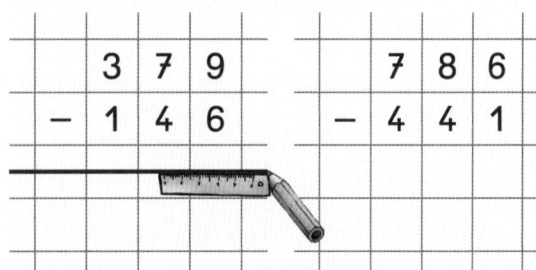

```
  3 7 9        7 8 6        9 2 4        8 9 0        6 2 3
- 1 4 6      - 4 4 1      - 6 3 5      - 4 0 9      -   8 3
```

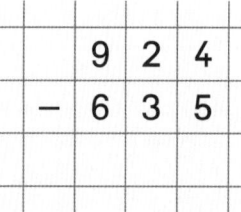
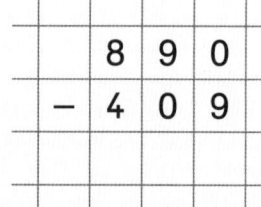
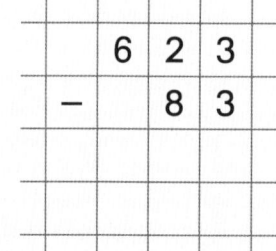

$69 + 428 + 397$ $579 + 8 + 123$ $209 + 11 + 480$

Schreibe stellengerecht untereinander und rechne!

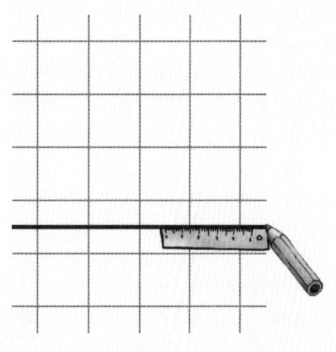
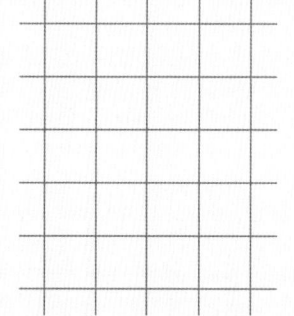
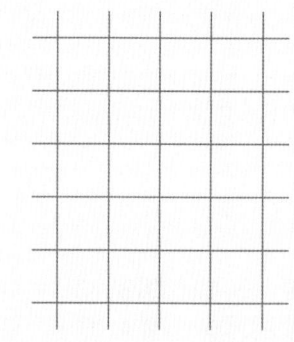

44

Rechne geschickt!

3 · 10 = _30_   2 · 40 = _____   4 · 20 = _____

3 · 100 = _300_   2 · 400 = _____   4 · 200 = _____

7 · 10 = _____   3 · 20 = _____   5 · 20 = _____

7 · 100 = _____   3 · 200 = _____   5 · 200 = _____

3 · 2 = _6_   5 · 4 = _____   3 · 8 = _____

3 · 20 = _60_   5 · 40 = _____   3 · 80 = _____

7 · 6 = _____   8 · 7 = _____   6 · 4 = _____

7 · 60 = _____   8 · 70 = _____   6 · 40 = _____

Finde die Umkehraufgabe!

8 · 10 = _80_   6 · 10 = _____   7 · 10 = _____

80 : 10 = _8_   ___ : ___ = _____   ___ : ___ = _____

Ah, eine Null anhängen!

1 · 26 = _____   1 · 42 = _____   1 · 75 = _____

10 · 26 = _____   10 · 42 = _____   10 · 75 = _____

1 · 39 = _____   1 · 84 = _____   1 · 99 = _____

10 · 39 = _____   10 · 84 = _____   10 · 99 = _____

Wie alt bist du? [   ] · 10 = [   ]

Finde die Tauschaufgabe!

4 · 30 = _____   5 · 70 = _____   3 · 80 = _____

30 · 4 = _____   70 · ___ = _____   ___ · ___ = _____

6 · 60 = _____   2 · 90 = _____   7 · 40 = _____

60 · ___ = _____   ___ · ___ = _____   ___ · ___ = _____

Aus welcher Reihe stammt diese Zahl?

___ · 80 = 240   ___ · 40 = 240   ___ · 60 = 300

___ · 80 = 320   ___ · 40 = 160   ___ · 60 = 120

___ · 80 = 160   ___ · 40 = 320   ___ · 60 = 240

___ · 80 = 400   ___ · 40 = 120   ___ · 60 = 420

Wie die 6-er Reihe, nur immer eine Null mehr!

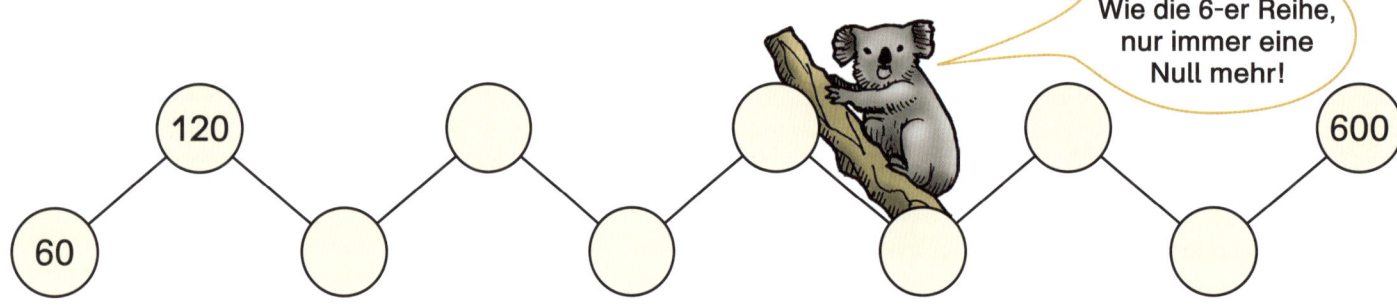

120   60   600

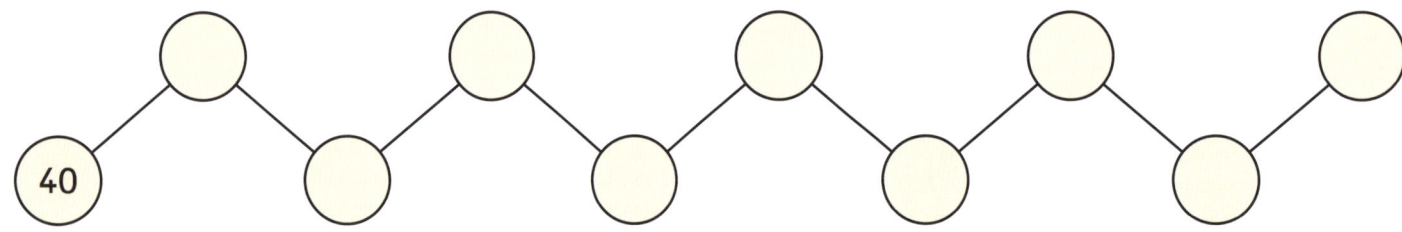

40

Schaue dir diese Zahl genau an!

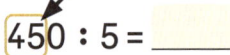

450 : 5 = _____   560 : 7 = _____   150 : 3 = _____

320 : 8 = _____   720 : 8 = _____   250 : 5 = _____

240 : 4 = _____   160 : 4 = _____   420 : 6 = _____

360 : 6 = _____   630 : 9 = _____   180 : 3 = _____

MERKE

Rechne immer erst den Teil der Aufgabe mit • oder ⋮ !

Dann erst **+** oder **−** !

Es gilt die Regel: Punktrechnung **vor** Strichrechnung

Kreise den Teil der Aufgabe ein, den du zuerst berechnen musst!

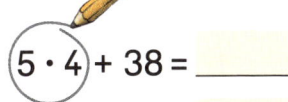

$(5 \cdot 4) + 38 =$ _____

$6 \cdot 7 + 40 =$ _____

$35 + 4 \cdot 3 =$ _____

$80 + 8 \cdot 7 =$ _____

$8 \cdot 7 + 14 =$ _____

$3 \cdot 11 - 13 =$ _____

$54 : 9 + 600 =$ _____

$88 : 8 + 909 =$ _____

$85 - 14 \cdot 2 =$ _____

$42 : 6 + 11 =$ _____

$128 + 2 \cdot 2 =$ _____

$10 \cdot 60 - 599 =$ _____

Lange Aufgabe   Schaffst du das?

(**1. Schritt**) Kreise zuerst die Mal- und Geteiltaufgaben ein!

$(6 \cdot 7) + 4 \cdot 9 - 18 \cdot 2 + 36 : 6 - 2 \cdot 7 + 25 : 5$

(**2. Schritt**) Berechne die Mal- und Geteiltaufgaben!

$(6 \cdot 7) + 4 \cdot 9 - 18 \cdot 2 + 36 : 6 - 2 \cdot 7 + 25 : 5$

Summe

42 + ◯ − ◯ + ◯ − ◯ + ◯ = _____

(**3. Schritt**) Berechne die Plus- und Minusaufgaben im Kopf!

Halbschriftliche Multiplikation

Nur drei Schritte zum Ergebnis!

$$4 \cdot 12$$

1. Schritt $4 \cdot 10 = 40$

2. Schritt $4 \cdot \ 2 = \ 8$ $+$

3. Schritt $= 48$

---

4 · 13

$4 \cdot 10 = 40$

$4 \cdot \ \ 3 =$

$=$

5 · 14

$5 \cdot 10 =$

$5 \cdot \ \ 4 =$

$=$

7 · 15

$7 \cdot 10 =$

$7 \cdot \ \ 5 =$

$=$

8 · 16

$8 \cdot 10 =$

$8 \cdot \ \ 6 =$

$=$

---

3 · 17

$3 \cdot 10 =$

$3 \cdot \ \ 7 =$

$=$

6 · 18

$6 \cdot 10 =$

$6 \cdot \ \ 8 =$

$=$

4 · 19

$4 \cdot 10 =$

$4 \cdot \ \ 9 =$

$=$

5 · 23

$5 \cdot 20 =$

$5 \cdot \ \ 3 =$

$=$

---

7 · 27

$7 \cdot 20 =$

$7 \cdot \ \ 7 =$

$=$

9 · 36

$9 \cdot 30 =$

$9 \cdot \ \ 6 =$

$=$

5 · 42

$5 \cdot 40 =$

$5 \cdot \ \ 2 =$

$=$

4 · 53

$4 \cdot 50 =$

$4 \cdot \ \ 3 =$

$=$

---

3 · 64

$3 \cdot 60 =$

$3 \cdot \ \ 4 =$

$=$

8 · 69

$8 \cdot 60 =$

$8 \cdot \ \ 9 =$

$=$

6 · 73

$6 \cdot 70 =$

$6 \cdot \ \ 3 =$

$=$

9 · 78

$9 \cdot 70 =$

$9 \cdot \ \ 8 =$

$=$

MERKE   **Multiplikation:**   Faktor   •   Faktor   =   Produkt

6 · 14

·	10	4	
6	60	24	84

7 · 17

·	10	7	
7			

5 · 19

·			
5			

8 · 23

·			

4 · 64

·			

9 · 73

·			

4 · 34

·			

6 · 58

·			

3 · 18

·			

7 · 98

·			

5 · 56

·			

8 · 29

·			

7 · 14 = __70__ + __28__ = __98__   5 · 64 = _____ + _____ = _____

8 · 17 = __80__ + _____ = _____   9 · 39 = _____ + _____ = _____

4 · 23 = _____ + _____ = _____   3 · 76 = _____ + _____ = _____

6 · 43 = _____ + _____ = _____   8 · 47 = _____ + _____ = _____

Kannst du das gleichzeitig? Lege beide Zeigefinger auf die Tischkante! Ein Zeigefinger klopft auf den Tisch und der andere Zeigefinger streicht von links nach rechts und zurück an der Tischkante.

☐ fällt mir schwer

☐ geschafft

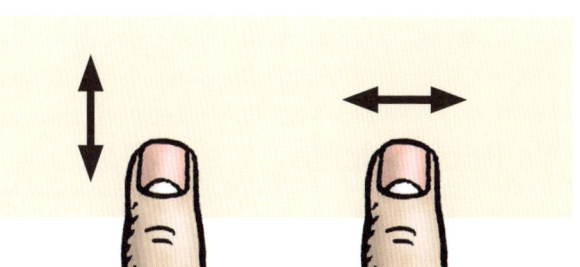

Kreise jeweils die Zahlen ein, die du zuerst multiplizierst! Überlege vorher!

Rechne geschickt im Kopf!

⑤ · 39 · ② = _____   25 · 8 · 4 = _____

5 · 77 · 2 = _____   2 · 50 · 8 = _____

2 · 5 · 56 = _____   25 · 6 · 2 = _____

5 · 20 · 9 = _____   7 · 2 · 40 = _____

7 · 5 · 8 = _____   6 · 7 · 5 = _____

35 · 8 · 2 = _____   5 · 3 · 12 = _____

---

30 · 4 = _____   40 · 6 = _____   60 · 5 = _____

29 · 4 = _____   39 · 6 = _____   59 · 5 = _____

50 · 3 = _____   70 · 7 = _____   80 · 8 = _____

49 · 3 = _____   69 · 7 = _____   79 · 8 = _____

---

10 · 71 = _____   10 · 46 = _____   10 · 53 = _____

11 · 71 = _____   11 · 46 = _____   11 · 53 = _____

10 · 63 = _____   10 · 48 = _____   10 · 37 = _____

11 · 63 = _____   11 · 48 = _____   11 · 37 = _____

---

5 · 100 = _____   7 · 100 = _____   8 · 100 = _____

5 · 99 = _____   7 · 99 = _____   8 · 99 = _____

40 · 9 = _____   60 · 8 = _____   80 · 7 = _____

39 · 9 = _____   59 · 8 = _____   79 · 7 = _____

Weißt du noch?   F [_____] · [_____] = [_____]

$$4 \cdot 124$$

1. Schritt $4 \cdot 100 = 400$

2. Schritt $4 \cdot \ \ 20 = \ \ 80$ +

3. Schritt $4 \cdot \ \ \ \ 4 = \ \ 16$ +

4. Schritt $= 496$

---

9 · 124

$9 \cdot 100 = 900$

$9 \cdot \ \ 20 =$

$9 \cdot \ \ \ \ 4 =$

$=$

2 · 367

$2 \cdot 300 =$

$2 \cdot \ \ 60 =$

$2 \cdot \ \ \ \ 7 =$

$=$

4 · 234

$4 \cdot 200 =$

$4 \cdot \ \ 30 =$

$4 \cdot \ \ \ \ 4 =$

$=$

2 · 496

$2 \cdot 400 =$

$2 \cdot \ \ 90 =$

$2 \cdot \ \ \ \ 6 =$

$=$

3 · 198

⬚ · ⬚ = ⬚

⬚ · ⬚ = ⬚

⬚ · ⬚ = ⬚

= ⬚

2 · 408

⬚ · ⬚ = ⬚

⬚ · ⬚ = ⬚

⬚ · ⬚ = ⬚

= ⬚

3 · 270

⬚ · ⬚ = ⬚

⬚ · ⬚ = ⬚

⬚ · ⬚ = ⬚

= ⬚

4 · 188

⬚ · ⬚ = ⬚

⬚ · ⬚ = ⬚

⬚ · ⬚ = ⬚

= ⬚

2 · 479
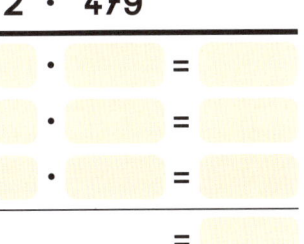

⬚ · ⬚ = ⬚

⬚ · ⬚ = ⬚

⬚ · ⬚ = ⬚

= ⬚

5 · 179
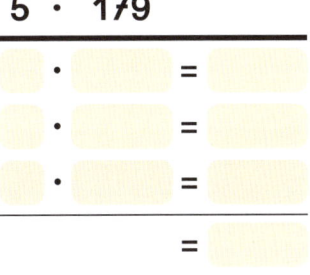

⬚ · ⬚ = ⬚

⬚ · ⬚ = ⬚

⬚ · ⬚ = ⬚

= ⬚

4 · 186
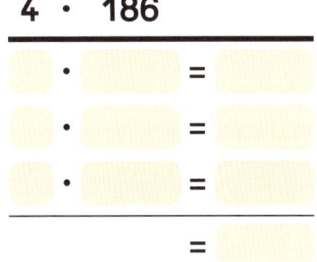

⬚ · ⬚ = ⬚

⬚ · ⬚ = ⬚

⬚ · ⬚ = ⬚

= ⬚

4 · 211
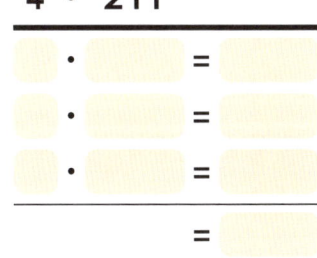

⬚ · ⬚ = ⬚

⬚ · ⬚ = ⬚

⬚ · ⬚ = ⬚

= ⬚

Nun recke und strecke dich, aber leise!

Finde immer vier Aufgaben!

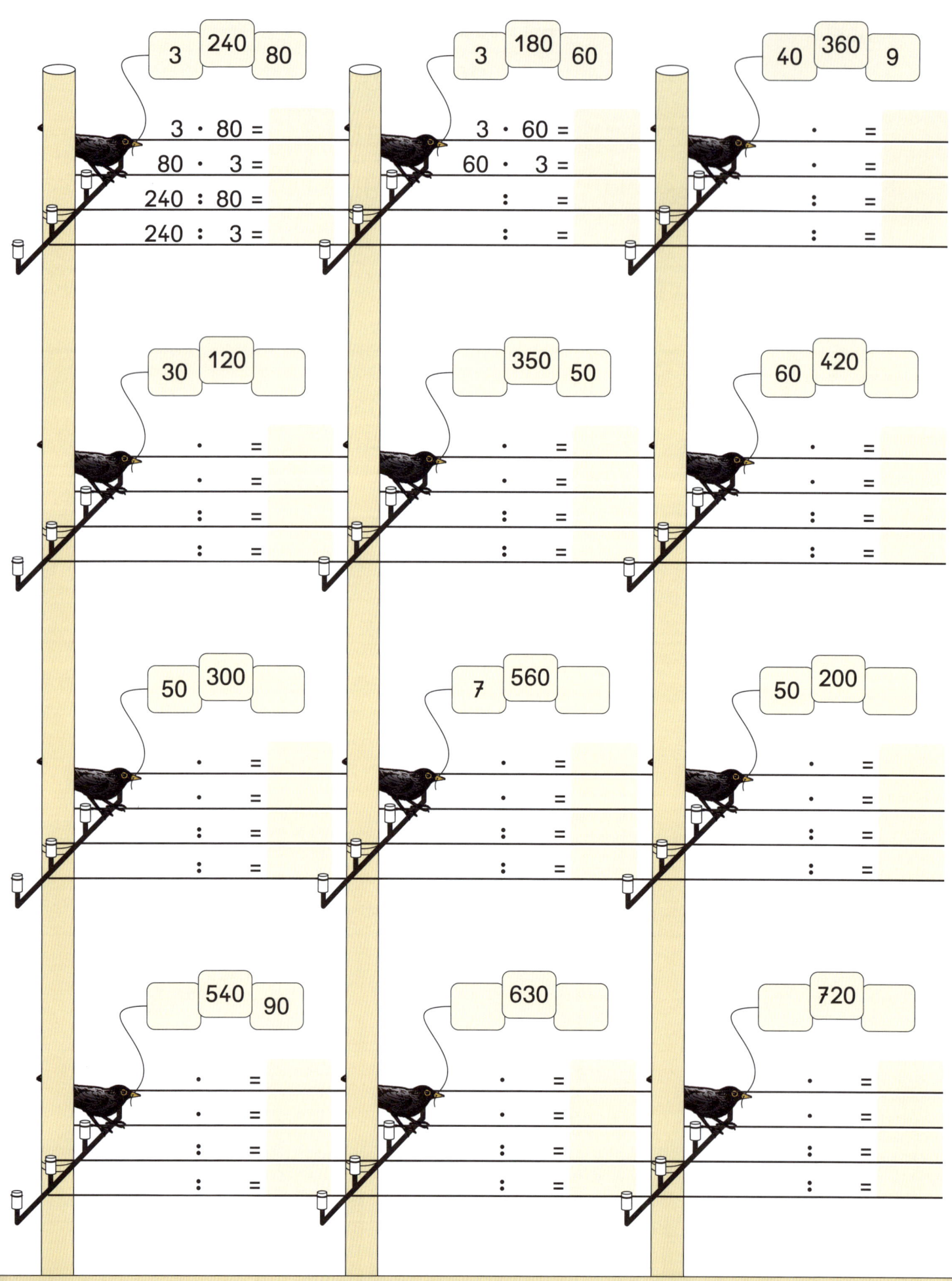

Spalte 1, Reihe 1 — 3 · 240 · 80

3 · 80 =
80 · 3 =
240 : 80 =
240 : 3 =

Spalte 2, Reihe 1 — 3 · 180 · 60

3 · 60 =
60 · 3 =
: =
: =

Spalte 3, Reihe 1 — 40 · 360 · 9

· =
· =
: =
: =

Spalte 1, Reihe 2 — 30 · 120

· =
· =
: =
: =

Spalte 2, Reihe 2 — 350 · 50

· =
· =
: =
: =

Spalte 3, Reihe 2 — 60 · 420

· =
· =
: =
: =

Spalte 1, Reihe 3 — 50 · 300

· =
· =
: =
: =

Spalte 2, Reihe 3 — 7 · 560

· =
· =
: =
: =

Spalte 3, Reihe 3 — 50 · 200

· =
· =
: =
: =

Spalte 1, Reihe 4 — 540 · 90

· =
· =
: =
: =

Spalte 2, Reihe 4 — 630

· =
· =
: =
: =

Spalte 3, Reihe 4 — 720

· =
· =
: =
: =

Welche Zahlen sind durch 2 teilbar? Kreise ein!

durch **2** teilbar

Trick

<u>Nur</u> die Zahlen, die gerade sind, sind auch durch 2 teilbar, die also am Ende eine 0, 2, 4, 6 oder 8 haben.

(888)	982	56	78	42	12	26	1000
82	777	69	575	311	875	769	986
264	673	52	20	780	458	9	124
90	421	16	991	765	76	653	650
478	879	88	684	140	34	27	234
46	547	89	71	533	879	981	666
128	30	782	34	98	8	44	62

Welche Zahlen sind durch 4 teilbar? Kreise ein!

durch **4** teilbar

Trick

Schaue dir nur die letzten beiden Ziffern an und du kannst dann schon entscheiden, ob die Zahl durch 4 teilbar ist!

333	78	679	1000	564	431	675	531
567	43	616	97	3	980	79	34
543	120	67	999	21	777	344	1
904	35	457	875	9	985	81	456
983	884	123	533	157	113	232	66
155	673	336	111	387	740	18	6
57	43	391	24	8	89	43	50

Welche Zahlen sind durch 5 teilbar? Kreise ein!

durch **5** teilbar

Trick

Schaue nur auf die letzte Ziffer, ob diese durch 5 teilbar ist! Es kann also nur eine 5 oder eine 0 sein.

432	855	12	23	634	678	10	74
455	670	775	980	50	655	430	995
657	450	11	61	67	999	70	64
34	345	321	344	98	783	885	456
56	35	546	777	498	67	780	342
135	80	55	560	90	5	940	1000
781	815	553	673	57	94	625	222

Welche Zahlen sind durch 3 oder durch 9 teilbar?
Du kannst es herausfinden, indem du die Quersumme bildest.

Die Quersumme einer Zahl findest du heraus, indem du alle Ziffern einer Zahl addierst und dann schaust, ob diese Zahl durch 3 oder durch 9 teilbar ist.

ist durch 3 teilbar,

Beispiel: 642   Quersumme 6 + 4 + 2 = (12) aber nicht durch 9 teilbar

Zahl	Quersumme bilden	teilbar durch 3 ?	teilbar durch 9 ?
648	6 + 4 + 8 = 18	ja ☒ nein ☐	ja ☒ nein ☐
345	3 +	ja ☐ nein ☐	ja ☐ nein ☐
621		ja ☐ nein ☐	ja ☐ nein ☐
999		ja ☐ nein ☐	ja ☐ nein ☐
581		ja ☐ nein ☐	ja ☐ nein ☐
882		ja ☐ nein ☐	ja ☐ nein ☐
717		ja ☐ nein ☐	ja ☐ nein ☐
332		ja ☐ nein ☐	ja ☐ nein ☐
803		ja ☐ nein ☐	ja ☐ nein ☐
663		ja ☐ nein ☐	ja ☐ nein ☐

☐ **Lerne die Teilbarkeitsregeln auswendig!**

$$72 : 6$$

1. Schritt $60 : 6 = 10$

2. Schritt $12 : 6 = \ 2$ +

3. Schritt $= 12$

$36 : 3$
$30 : 3 = 10$
$6 : 3 =$
$=$

$42 : 3$
$30 : 3 =$
$12 : 3 =$
$=$

$75 : 5$
$50 : 5 =$
$25 : 5 =$
$=$

$96 : 8$
$80 : 8 =$
$16 : 8 =$
$=$

$60 : 4$
$\quad : \quad =$
$\quad : \quad =$
$=$

$84 : 7$
$\quad : \quad =$
$\quad : \quad =$
$=$

$84 : 6$
$\quad : \quad =$
$\quad : \quad =$
$=$

$51 : 3$
$\quad : \quad =$
$\quad : \quad =$
$=$

$32 : 2$
$\quad : \quad =$
$\quad : \quad =$
$=$

$85 : 5$
$\quad : \quad =$
$\quad : \quad =$
$=$

$68 : 4$
$\quad : \quad =$
$\quad : \quad =$
$=$

$90 : 6$
$\quad : \quad =$
$\quad : \quad =$
$=$

$96 : 6$
$\quad : \quad =$
$\quad : \quad =$
$=$

$45 : 3$
$\quad : \quad =$
$\quad : \quad =$
$=$

$91 : 7$
$\quad : \quad =$
$\quad : \quad =$
$=$

$78 : 6$
$\quad : \quad =$
$\quad : \quad =$
$=$

Division: Dividend   :   Divisor   =   Quotient

Zerlege die Zahl vorher!

40, 80, 120, 160, 200, 240, 280, 320, 360, 400

372 : 4

360 : 4 = 90

12 : 4 = 3

= 93

30, 60, 90, 120, 150, 180, 210, 240, 270, 300

60, 120, 180, 240, 300, 360, 420, 480, 540, 600

282 : 3

270 : 3 = 90

: =

=

192 : 6

: =

: =

=

306 : 3

300 : 3 = 100

6 : 3 = 2

= 102

408 : 4

400 : 4 =

8 : 4 =

=

515 : 5

500 : 5 =

15 : 5 =

=

618 : 3

600 : 3 =

18 : 3 =

=

624 : 6

: =

: =

=

721 : 7

: =

: =

=

864 : 8

: =

: =

=

212 : 2

: =

: =

=

981 : 9

: =

: =

=

816 : 4

: =

: =

=

742 : 7

: =

: =

=

585 : 5

: =

: =

=

47 : 2

46 : 2 = 23
47 : 2 = 23 R 1

35 : 2

34 : 2 =
35 : 2 = R

79 : 2

78 : 2 =
79 : 2 = R

63 : 2

: =
: = R

47 : 3

: =
: = R

84 : 8

: =
: = R

65 : 3

: =
: = R

82 : 3

: =
: = R

95 : 3

: =
: = R

23 : 7

: =
: = R

64 : 6

: =
: = R

35 : 3

: =
: = R

50 : 8

: =
: = R

28 : 5

: =
: = R

42 : 4

: =
: = R

49 : 9

: =
: = R

17 : 2

: =
: = R

19 : 4

: =
: = R

203 : 2

202 : 2 = 101
203 : 2 = 101 R 1

123 : 4

120 : 4 =
123 : 4 = R

154 : 5

150 : 5 =
154 : 5 = R

121 : 6

: =
: = R

122 : 3

: =
: = R

165 : 8

: =
: = R

185 : 9

: =
: = R

143 : 7

: =
: = R

203 : 5

: =
: = R

Weißt du noch?   D : D = Q

$3 \cdot 187$

$3 \cdot 100 =$
$3 \cdot 80 =$
$3 \cdot 7 =$
$=$

$4 \cdot 126$

$\cdot \quad =$
$\cdot \quad =$
$\cdot \quad =$
$=$

$2 \cdot 377$

$\cdot \quad =$
$\cdot \quad =$
$\cdot \quad =$
$=$

Rechne geschickt im Kopf! Kreise ein, was du zuerst berechnest!

$7 \cdot 8 \cdot 5 = \underline{\quad}$

$25 \cdot 6 \cdot 4 = \underline{\quad}$

$7 \cdot 35 \cdot 2 = \underline{\quad}$

$39 \cdot 7 = \underline{\quad}$

$49 \cdot 4 = \underline{\quad}$

$99 \cdot 8 = \underline{\quad}$

$4 + 4 \cdot 8 = \underline{\quad}$

$56 : 7 - 7 = \underline{\quad}$

$76 - 3 \cdot 2 = \underline{\quad}$

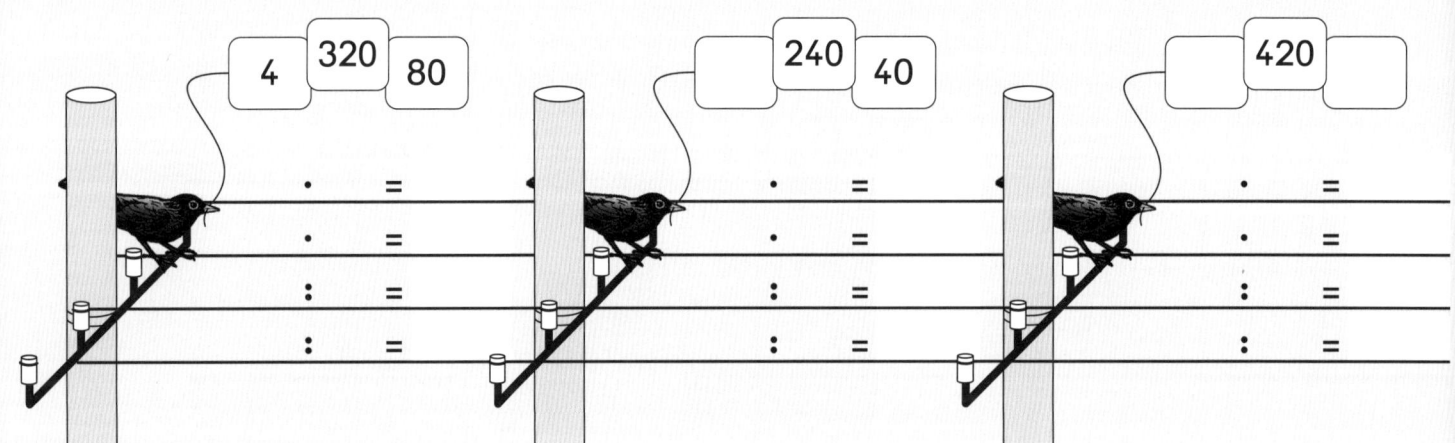

$\boxed{4}\ \boxed{320}\ \boxed{80}$

$\cdot \quad =$
$\cdot \quad =$
$: \quad =$
$: \quad =$

$\boxed{\ }\ \boxed{240}\ \boxed{40}$

$\cdot \quad =$
$\cdot \quad =$
$: \quad =$
$: \quad =$

$\boxed{\ }\ \boxed{420}\ \boxed{\ }$

$\cdot \quad =$
$\cdot \quad =$
$: \quad =$
$: \quad =$

Welche Zahlen sind durch 2 teilbar? Kreise ein!

311, 596, 243, 707, 856, 900

Welche Zahlen sind durch 4 teilbar? Kreise ein!

316, 514, 200, 812, 648, 792

Welche Zahlen sind durch 3 teilbar? Kreise ein!

303, 483, 661, 771, 981, 338

Welche Zahlen sind durch 9 teilbar? Kreise ein!

405, 991, 666, 704, 342, 186

$728 : 7$

$: \quad =$
$: \quad =$
$=$

$36 : 8$

$: \quad =$
$: \quad = \quad R$

$122 : 6$

$: \quad =$
$: \quad = \quad R$